人生が変わるアンガーマネジメント入門

Introduction to Life-changing Anger Management

怒りを味方につける9つの習慣

瀬戸口 仁

Hitoshi Setoguchi

日本実業出版社

はじめに

アンガーマネジメント。

あなたは、この言葉をご存じですか？

アンガーマネジメントとは、怒りの感情をコントロールするための心理トレーニング法です。１９７０年代にアメリカで生まれたものですが、今やカナダ、イギリス、オーストラリア、ニュージーランド、インド、フィリピン、マレーシア、シンガポール、アルゼンチンと世界各国へ広がりを見せています。

日本に本格的に導入されはじめたのは、２００８年以降のことです。

怒りの感情をコントロールするアンガーマネジメントは、いわば、**自分の中に湧き起こる怒りの感情を鎮《しず》め、味方につけることによって、思考のパラダイムシフトを起こし、人間関係やビジネスシーンにおいて、よりよいものにしていくこと**です。

怒りを溜め込むのは百害あって一利なしです。怒りが他人に向かうと、受けた側のダメージは計り知れないものがあります。これはたいへんこわいことであり、大事になる前に手を打たなければならないものです。

しかし、ポジティブ思考の人が多いアメリカとネガティブ思考の人が圧倒的に多い日本とは、アンガー（怒り）の意味合いが違ってきます。直接的にはっきりと怒りを表すアメリカ人にくらべ、日本人は怒りを内に秘め、溜め込む傾向があり、恨みや妬《ねた》みなど、どちらかというと陰湿な傾向に走りがちです。ネットいじめや中傷などは、この延長線上にあると考えられます。

そのため、日本人には日本人に合ったアンガーマネジメントが求められます。

私は長年、野球を中心にしたスポーツ界に身を置いてきました。１９９３年からアメリカのニューヨークに住み、本場のアンガーマネジメントを目のあたりにして、その効用をこの目に焼きつけてきました。その経験を活かし、日本人に合ったアンガーマネジメントのテクニックを、日本人が大好きなスポーツを例にとり、わかりやすく解説していきたいと思います。

もちろん、怒りを鎮め、味方につける技術が役に立つのはスポーツの世界に限った話ではありません。ビジネスシーンでも普段の人間関係にも応用できる大事なテクニックです。

「すべての悩みは〝対人関係の悩み〟である」

と、心理学者、アルフレッド・アドラーは言っています。

そのすべての悩みの中に「怒り」は内在しています。本文でも何度もくり返すことになりますが、アンガーマネジメントの考え方では、けっして怒りを否定しているわけではありません。**怒りと上手につきあって、怒りを味方につけるのがアンガーマネジメントの本来の目的**です。怒りを上手にコントロールして幸せな人生を歩む一助にしてほしいのです。

本書では、怒りを味方につけ、コントロールするための9つの習慣を順番に紹介していきます。一流アスリートからエグゼクティブまでが実践しているテクニックを身につけることで、みなさんがビジネスや人生において、幸せと成功を手に入れることを心から祈ります。

人生が変わるアンガーマネジメント入門
怒りを味方につける9つの習慣

もくじ

PART 2 怒りを消す、鎮める！

PART 3 怒りを味方につける！

PART 4 怒りを生かす人になる！

◎カバーデザイン　ＩＳＳＨＩＫＩ（萩原弦一郎）
◎本文デザイン・ＤＴＰ　ＩＳＳＨＩＫＩ（川野有佐）
◎編集協力　初鹿野剛

Prologue

なぜ、怒りをコントロールする技術が生まれたのか
――アンガーマネジメントの歴史

怒りをコントロールする技術を学ぶアンガーマネジメントは、１９７０年代にアメリカの介護の現場から生まれました。おじいちゃん、おばあちゃんから何かと文句を言われた介護士の人たちが、イライラやムカッとするという怒りの感情を募らせたため、それを少しでも抑えようということで心理トレーニングが考案されました。これがアンガーマネジメントのそもそもの始まりです。

介護の世界からスタートしたアンガーマネジメントは、ビジネス、教育、子育て、スポーツ界など、またたく間に各界へ広がりました。

広がった理由は明確です。

ビジネスマンは、職場でイライラせずに効率的に仕事をするため。
経営者や企業の管理職は、怒りにまかせた行動で部下の信頼を失わないため。
教師は、学校で子どもたちへの情操教育のため。
政治家は、怒りを抑えきれずに暴言を吐いたり、醜態をさらしたりしないため。
弁護士、医師などのストレスの高い職業の人はストレス対策のため。
スポーツ選手は、試合中の冷静さを保ち、最高のパフォーマンスを発揮するため。

このように、どの業界・職種においてもアンガーマネジメントは必要とされているのです。

最初に、アンガーマネジメントの広がりを読者のみなさんにわかりやすく伝えるために、スポーツ界の事例をいくつか紹介してみましょう。

プロのフットボールリーグの中で世界最高峰と呼ばれるＮＦＬ（ナショナル・フットボール・リーグ）。

日本では想像がつかないほど、アメリカでは大人気のスポーツです。

たとえば、その年のチャンピオンを決めるスーパーボウルのテレビ視聴率は、歴代視聴率ベスト10のうちの7位までを占め、その日だけは暗黙に〝賭け〟が許されているほどです。

NFLは、アメリカの三大人気スポーツの一つですが、残りのNBA（バスケットボール）、MLB（メジャーリーグ）よりも圧倒的に人気があります。しかし、その人気とは裏腹に、選手たちの選手としての平均寿命は4年と最も短くなっています。

それは、激しいタックルのくり返しで脳震とうを起こしたり、頸椎を痛めたりといった選手生命にかかわるようなケガが多いからです。また、競技の性質上、プレーが激しくなりがちで、試合中にカッとなって反則プレーを犯し、自らの首を絞めている選手も跡を絶ちません。

そこで、選手たちに1年でも長くプレーしてもらうために、NFLはルーキーイヤーにアンガーマネジメントプログラムを受講することを必須条件にしています。

そのプログラムでは、怒りを鎮め、ムダなケガを負うリスクを減らすために、アンガーマネジメントによるさまざまな手法を用いて、怒りの感情のやり過ごし方や、**「一生分稼ぐためにプレーしている」という目的意識を強烈に植えつけ**ています。そして、自分の感情が抑えきれないほどエキサイトしそうになったら、「お金を想像させる」ようにトレーニングすることで、選手寿命を少しずつ伸ばしていく努力を重ねています。

もう一つ例をあげておきます。

じつは、テニスのロジャー・フェデラー選手は、アンガーマネジメントを身につけることによって成功したプレーヤーの1人なのです。

テニスで〝悪童〟といえば、年配の方ならジミー・コナーズ選手やジョン・マッケンロー選手を思い出す人が多いでしょう。

同じようにフェデラー選手も、以前は、ショートテンパー（短気）で、ミスショットのあとにラケットを投げつけたり、主審に文句を言ったりと、自分の感情をコントロールできないでいました。

ところが、ピーター・カーターという人物と出会い、アンガーマネジメントを学ぶと、彼のテニス人生が一変しました。試合におけるメンタル面を徹底的に見つめ直すことで、怒りの爆発によってどれほど多くのエネルギーをムダにし、試合に負けてきたかに気づいたのです。

たとえば、2005年4月に行なわれたナスダック100オープン決勝で、最大のライバルだったラファエル・ナダル選手との対戦のときのことです。最初の2セットをとられたあと、第3セットの9ゲーム目にブレイクポイントのチャンスをミスして逃したフェデラー選手は、怒りを爆発させてラケットを地面に叩きつけました。

「僕はすごく怒って、ラケットを投げたんだ。ミスを続ける自分にガッカリしていて、終わりのない上り坂のような状況でプレーしていたところ、やっと現れたチャンスさえも失って……。でも、その怒りが自分の目を覚まさせてくれたんだ」

その怒りを彼は、若い頃に見せていた単なる短気とは違い、彼自身を奮い立たせる力に変えることができたのです。つまり、**怒りを味方にし、原動力にした**のです。ラケットを投げつけたあとのフェデラー選手の動きは見違えるほどよくなり、ついにはナダル選手を下し、その大会に優勝しました。

その後、フェデラー選手はスポーツ界のアカデミー賞と呼ばれるローレウス世界スポーツ賞を2005年から2008年まで4年連続受賞するまでになりました。また、彼は、2013年6月に発売されたフォーブス誌「世界で最も稼いでいるアスリート（スポーツ選手長者番付）」に、2012年からの1年間でスポンサー契約等を含み7150万ドル（当時のレートで約58億円）の収入を得て、ゴルフのタイガー・ウッズ選手に次ぐ世界第2位にランクインしました。

フェデラー選手はアンガーマネジメントを取り入れて成功した代表例です。

□怒りをプラスの力に変える

怒りのエネルギーは強大です。これを自分にとって、正の方向に使うことができれば、その力は強大になるはずです。

怒りのエネルギーを正の力に転換できれば、いろんなプラスの作用が得られます。

- 心のバネになる
- モチベーションになる
- 余計なものを捨てられる
- 要らないものに気づかせてくれる
- 気持ちをリセットできる
- 本音を話せるようになる
- 自分を守れる
- 新しいことにチャレンジできるようになる
- 見方が変わる
- 一念発起できる

怒りを自分にとってのプラスの力に変えて成功した例は、スポーツ選手に限られた話ではありません。たとえば、怒りの感情を上手に扱い、自分を動かすためのエネルギーにし、モチベーションを高めた人物に、２０１４年にノーベル物理学賞を受賞した中村修二氏がいます。

中村氏は、日本では学歴（徳島大学卒）差別を受け、アメリカでは人種差別を受けたそうです。普通なら、「オレは何でいい大学に行けなかったのか、どうして日本人に生まれてしまったのか」とめげそうになるところですが、彼は、そうした「差別」を自分の力に変え、ノーベル物理学賞受賞という偉業を達成したのです。

「差別」を受けた中村氏には、おそらく大きな選択肢として二つありました。一つは、「怒りに負けて、ふてくされて研究をやめる」で、もう一つは、「怒りをエネルギーとし、さらなる研究を進める」です。

もちろん、彼が後者を選んだことは、誰もが知るところです。

中村氏のように、私たちも、**怒りを上手に活用すれば計り知れないくらい大きなメリットを得る**ことができます。

たとえば、自分の営業成績もパッとしないような上司に「お前はいったいいつになったら、一人前の営業ができるようになるんだ」と、同僚たちの目の前で嫌味を言われた人がいました。

「自分だって満足な成績が残せていないのに、よく言うよな。こんな上司のために仕事なんてやっていられない」と怒りの感情にまかせて、自分の仕事を放棄したら、上司だけでなくあなたの成長機会も失われてしまいます。

しかし彼は、「仕事は上司のためにするものではない。自分のためにするものだ。たしかに自分の今の仕事状況では偉そうなことは言えない。怒る時間があったら、上司を見返すくらいの成果をあげよう」と、怒りの矛先を別に向けることで、自分のさらなる仕事への意欲に変えて見事その上司を見返しただけでなく、役員にまで上りつめました。

最後に、アンガーマネジメントを知っていれば、こういう事態にはならなかったのに……というケースも取り上げておきましょう。

2006年に行なわれたサッカーのワールドカップ・ドイツ大会。決勝は、フランス対イタリアでした。当時、フランス代表チームの司令塔だったジネディーヌ・ジダン選手は、試合中、イタリア代表のマルコ・マテラッティ選手からずっと、ある言葉を浴びせられました。それは、アルジェリア移民2世であるジダン選手自身への人種差別とか、彼の家族（母や姉）を侮辱したものなどといわれましたが、真偽のほどは定かではありません。

事件は延長戦後半5分に起きました。マテラッティ選手の挑発についにキレたジダン選手は、彼の胸に頭突きを食らわし、レッドカードの一発退場を宣告されたのです。

この大会を最後に、現役引退を表明していたジダン選手。この頭突き↓退場により、フランスは試合に敗れたばかりか、賞賛と栄誉に彩られていた選手生活が不名誉な結末で終わることになりました。

ジダン選手に対してFIFA（国際サッカー連盟）は罰金7500スイス・フラン（2006年7月当時の為替レートで約71万2500円）と3日間の社会奉仕活動を科し、記者による投票でMVPにあたるアディダス・ゴールデンボール賞受賞も見送られ、いくつかのCM契約の話も破談になりました。

ジダン選手は、怒りで我を忘れて、**すべての栄光と誉《ほま》れを一瞬にして失ってしまった**のです。

アンガーマネジメントは「怒り」を否定しているわけではありません。マテラッティ選手の挑発行為にジダン選手が抗議したい気持ちは十分理解できます。しかしながら、抗議の方法が退場に直結する暴力行為では非難を受けても仕方ありません。もし彼がアンガーマネジメントを学んでいて、怒りをコントロールすることができていたら、きっと違う結果になっていたことでしょう。

こうした例は、スポーツ界だけでなく、エンターテインメントの世界でも数多く見られます。

日本でも人気の高いカナダ出身の歌手ジャスティン・ビーバーは、2014年、隣人宅に生卵をぶつけるなどのトラブルを起こしたため、逮捕されました。裁判所は、8万ドル（約970万円）の賠償金、ゴミ拾いや落書き消しなどの社会奉仕活動、そして、怒りを抑えるためのアンガーマネジメントの講習を彼にコートオーダー（裁判所命令）しました。

日本ではなじみの薄い「コートオーダー」ですが、アメリカでは実刑を科す代わりに、司法取引の一環としてよく用いられます。ジャスティン・ビーバー以外にも、これまで歌手のクリス・ブラウン、俳優のショーン・ペン、モデルのナオミ・キャンベルやジェシカ・ホワイトらにアンガーマネジメントの受講命令が出されたことがあります。

また、2003年、ロバート・デ・ニーロ、アダム・サンドラー主演で映画『アンガーマネジメント』（邦題は『N.Y.式ハッピー・セラピー』）が公開され、2005年にはミュージシャンのエミネムが「アンガーマネジメント・ツアー」を行ない、同年、ロックバンドのメタリカは、伝記映画『サム・カインド・オブ・モンスター』で、グループ全員がアンガーマネジメントを受講しているシーンを公開しました。

さらに、2012年にはチャーリー・シーン主演のテレビシリーズ『アンガーマネジメント』が大ヒットしました。その理由は、実生活において、たびたび暴力事件や女性問題、アルコール依存、麻薬服用など数々のトラブルを引き起こしているチャーリー・シーンが、ドラマではセラピストを演じるというギャップが全米の視聴者の興味を引いたようです。

アンガーマネジメントの三つの柱

では、怒りを鎮め、味方につける技術であるアンガーマネジメントとは、いったいどんなものなのでしょうか？

怒りをコントロールするために必要な、アンガーマネジメントの柱（概念）は大きく三つあります。

それは、

1. 6秒

2. 三重丸（べきの境界線）

3. 分かれ道

です。

6秒？

三重丸？

分かれ道？

それが怒りとどうつながるのか、これだけだと何だかわかりませんよね。

まず**「6秒」とは、怒りのMAXの長さ**です。

つまり、**怒りの頂点は6秒で達し、その後、鎮静化していく**のです。

私たちの脳は意外と単純で、怒りの事象から意識を別のものにそらすと、すぐに冷静さを取り戻すことができるのです。ですから、いかにこの6秒をやり過ごすかで、最悪の事態を回避し、最高の未来を手にできるかが決まるのです。

そのためには、即効性のあるテクニックが必要なのです。それを本書の習慣1から5で説明します。

次に、「三重丸」とは、人間の感情が概ね三つに分けられることを意味します。その中でアンガーマネジメントが最も重要視する**「価値観は違うけど許容範囲」**という枠を広げるために、体質改善テクニックを用います。習慣6から8でその説明をします。

最後の「分かれ道」とは、問題を解決するには**どちらを選んだほうが得なのか**を判断する指針を示します。習慣9がそれにあたります。

この三つの柱は、怒りを鎮めるためになくてはならないテクニックです。テクニックを知り、それを身につけることで、自分の仕事や人間関係がうまくまわるようになればしめたものです。

それを、これから詳しく紹介していきますが、それぞれのテクニックの説明に入る前に、怒りについての基礎知識を少しお話しさせていただきます。

「怒りの正体」がはっきりと見えていないと、そもそも自分が何に怒っていて、自分の何がいけないのかに気がつくことができません。

まずは、「**怒りの正体**」**を見極める**ことから始めましょう。

PART 1
怒りの正体を見極める！

1

「怒り」の正体とは

怒りを鎮め、味方につける技術であるアンガーマネジメントを理解していくうえでは、まず「怒り」の正体を知る必要があります。

怒りの正体には、種類、性質、特徴、傾向などが含まれます。

そもそも**怒りには、二種類**あります。

「良い怒り（必要）」と**「良くない怒り（不必要）」**です。

良い怒りとは、たとえば、プロローグで紹介したように、日本での学歴差別、アメリカでの人種差別に対し「コノヤロー」という怒りのエネルギーで研究を続けて、2

014年にノーベル物理学賞を受賞した中村修二氏などが良い例でしょう。

また、受験に失敗して「来年こそは絶対受かってやる」と宣言して勉強をがんばることや、彼氏に振られて「きれいになって見返してやるわ」というのも良い怒りといえるでしょう。

かたや良くない怒りとは、電車のホームで肩と肩が触れただけで相手をホームから突き落としてケガをさせてしまったり、入社当時に社長に言われた一言を（嫌味と勘違いして）ずっと根にもって、退職するときにその社長を刺したり（実際にあった事件）などがその典型例です。

また、熟年離婚は総じて奥さんのほうから切り出すケースが多いもの。その原因となっているのは、若い頃からもつ夫への不満やストレスという第一次感情が、年を重ねるごとに溜まりに溜まって、怒りという第二次感情としてあふれ出した（爆発した）ことです。第一次・第二次感情については後ほど説明します。

若い頃から小さな我慢をせず、言いたいことをその場で伝えていたり、お互いに「こうあるべきだ」と決めつけていたりしなければ、「良くない怒り」にはならなかったかもしれません。

こうした例でもわかるように、**怒りとはものすごく強い感情**です。それが、喜怒哀楽で最後に残るのは「怒」といわれる所以でもあります。

喜怒哀楽の中で最初になくなるのは、「喜」と「楽」です。うれしいことや楽しいことはプラスの感情で、外に出ても問題はなく、自分を苦しめるものではないため、忘れやすい（持続しない）のです。

それに比べて**「哀」と「怒」はマイナスの感情で、自分を苦しめるためになかなか消えません。**

この二つの中でも「怒」は「哀」と違って、他人を巻き込む攻撃性があり、とてもやっかいな感情なだけに、最後まで残るのです。

だからこそ、私たちは寝る前に「思い出し怒り」をしてしまうと、怒りで興奮してなかなか寝つけなくなってしまうのです。

2 怒りは連鎖する

それだけではありません。

怒りの最大の特徴は「連鎖」することです。

怒りの感情が芽生えた人が、その怒りのはけ口を探して、新たな矛先を探そうとするのです。そして、その矛先になった人がまた別の怒りのはけ口を探す……こうして**怒りは連鎖していく**のです。

たとえば、お父さんが会社でイヤなことがあり、そのイライラを家に持ち帰ってお母さんにあたると、お母さんは子どもにあたり、子どもは学校で自分より弱い子をいじめたりします。この連鎖は誰かが止めない限りどんどん続いてしまいます。

怒りの連鎖を断ち切るために必要なのが、怒りを鎮め、味方につける技術である、アンガーマネジメントなのです。

くり返しになりますが、アンガーマネジメントは怒ることを否定しているわけではありません。必要であれば、しっかり怒る。しかし、怒る必要のない、もしくは怒ることで無要の事態を招くのであれば、そのエネルギーをビジネスやスポーツ、教育や子育て、介護に向けたほうがよほど健全であること。そして、感情の赴くままの行動は、自らを貶めることにもなるため、しっかり心理トレーニングを積んで、怒りをコントロールできることが大切だと考えているのです。

怒りに我を忘れて、後悔することが多い人は、ぜひ、このテクニックを学び、実践してみてください。

3 怒りには四つの傾向がある

怒りの感情の出し方には四つのタイプがあり、それぞれが周囲へ悪影響を及ぼします。

その四つとは、

①頻度が高い
②強度が強い
③持続性がある
④攻撃性をもつ

となります。

それぞれを簡単に説明しておきます。

①の頻度が高いとは、「書類の渡し方が悪い」など、人からすれば些細なことにも頻繁に腹を立てたり、不機嫌であることを前面に出したりして、常にイライラしている人の怒りです。

②の強度が強いとは、怒り出したら自分で制御できなくなるほどの強い怒りを感じることです。「オレは怒ってなんかいない。普通に話している」と言いながら、自分の怒りがさらに怒りを呼ぶような、怒っていることをことさら強く示そうとする人といえます。

③の持続性があるとは、一度怒りの感情をもつと、しばらくその怒りが収まらないことです。たとえば、「アイツは何でいつも、ハイハイと二度返事をするんだ。オレを舐めているのか」と、会社での部下の行動に対する腹立たしさをいつまでも忘れられず、夜も悔しくて眠れず、食事のときも悔しさを思い出して、目の前の美味しい料理をまったく楽しめないような人の怒りです。このタイプは、過去のことでも思い出すと、怒りの感情が湧き上がってきて怒り出すこともあります。

④の攻撃性をもつとは、「君はいつもそうなんだよ。何をやっても同じことをくり

返すんだ」と、怒ると相手を責めて、傷つけるような言葉を吐いたり、暴力を振るったりするなど、怒りの感情を他人や物にぶつけることです。また、怒りの感情が自分に向かってしまうと、自責の念に駆られたり、過度の飲酒や薬物依存など自分の心や体を傷つけたりするような行動をとることもあります。

人間を含む動物は恐怖に反応すると、Ｆｉｇｈｔ（攻撃＝闘う）もしくはＦｌｉｇｈｔ（逃避＝逃げる）の選択をする**「ＦＦ行動」**と呼ばれる行動をとります。つまり、人間も強い怒りを感じると、鼓動が早くなって血圧が上がり、筋肉を硬くして、「闘う」または「逃げる」ための準備行動が作動するのです。

アンガーマネジメントには、この怒りの4タイプを直すテクニックがありますが、その具体的な話に入る前に、ぜひとも知っておいてもらいたい考え方があります。

人間には、**第一次感情（プライマリー・エモーション）と第二次感情（セカンダリー・エモーション）**というものがあります。

第一次感情とはネガティブな感情で、不安、つらい、苦しい、痛い、イヤだ、疲れた、寂しい、ストレス、悲しいなどです。これらに対して、怒りは第二次感情といわれています。第一次感情を水、それを溜めておく「心」をコップと考えると、穏やかな心理状態のときはコップに水がまったく溜まっていません。

それが、第一次感情であるネガティブな感情が多くなると、それが注がれるコップは次第にいっぱいになり、ついには爆発（あふれ出す）して、第二次感情が生まれてしまうのです。

これが「怒り」です。

いわば、怒りとなってあふれ出した第二次感情をそれ以上あふれさせないための対処テクニックが、アンガーマネジメントなのです。そのためには、注ぐ水を少なくするだけでなく、体質を改善することで**溜まっている水を抜いていくこと**にも目を向けていきます。

ところで、「怒る」と「叱る」はどう違うのかと思っている方も多いでしょう。次項でその違いを少し説明しておきます。

ネガティブな感情があふれると「怒り」となって爆発する

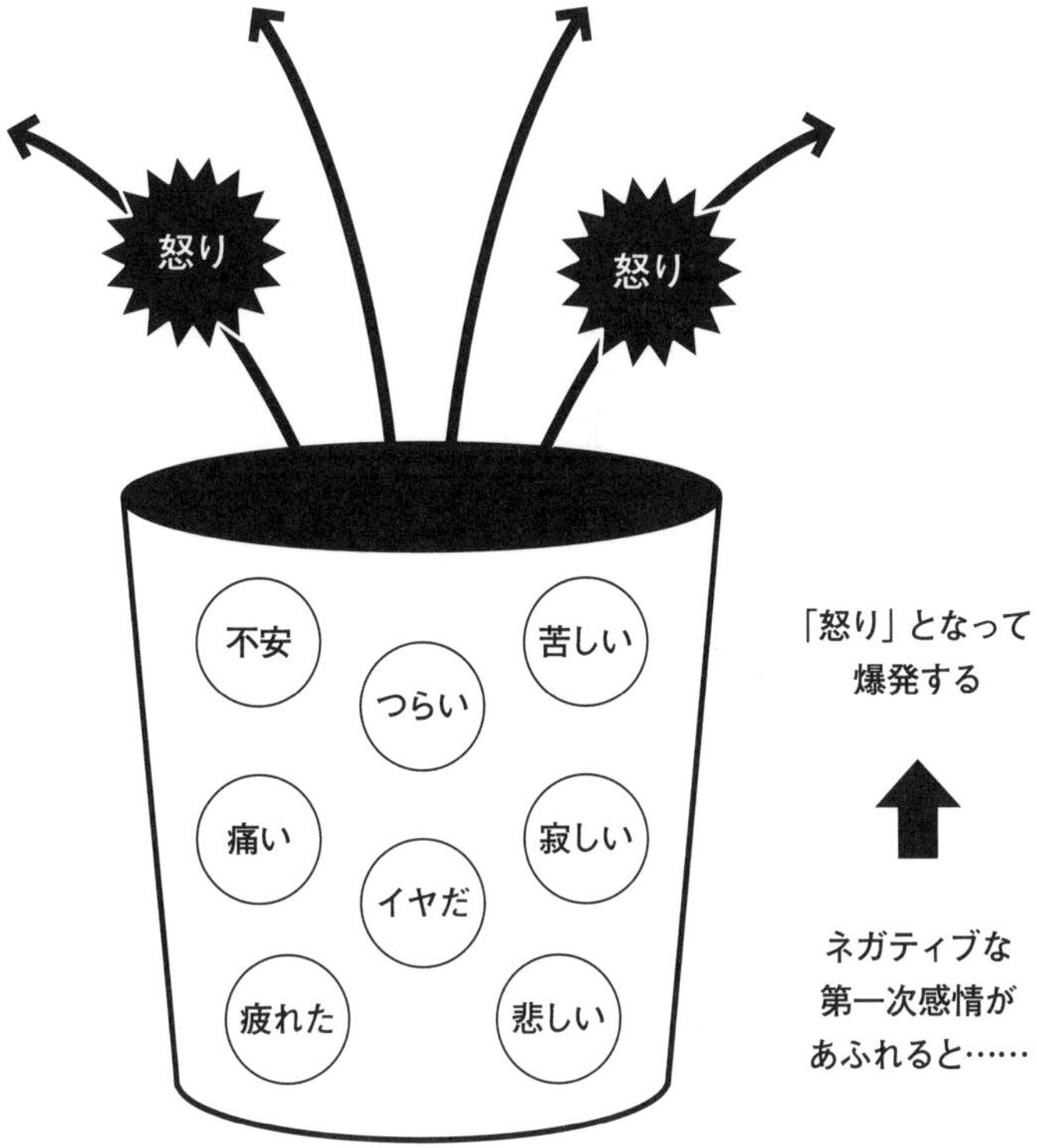

4 「怒る」と「叱る」の違いを知る

「怒る」というのは、自分の不満や怒りなど自身の感情（正確にいえば第二次感情）であり、「叱る」という行為は相手のためを思っての理性的な発言のことです。

これは、**「自分のために怒る。相手のために叱る」**とまとめて表現されることもあります。

といっても、「怒る」と「叱る」は、実際どう違うのか、なかなか想像しにくい方もいるでしょう。

たとえば、上司が仕事でミスをした部下に、

「どうして言ったことができないんだ」

「お前はやる気がないのか」

「さっき説明したのにわからないのか」

などと、語気を荒げることがあります。

これは、「オレは怒っているんだぞ！」ということを、相手にわからせるための発言であり、自分のストレスの発散や相手を非難したいという隠された目的があります。あくまでも自分本位の考え方です。

これが、「怒る」です。


一方、「叱る」というのは、相手のためを思って、そして相手に気づきを与えたいという理性が働く行為です。

「あのお客様はなぜあなたに怒っていたと思う？」

といったように、相手の問題点、改良すべき点をあえて強めに伝えるのが「叱る」です。

子育てを例にして、もう少し説明してみます。

あなたが、自分の子どもが家の壁にクレヨンでいたずら書きをしていた場面に遭遇したとします。

そのとき、あなたなら子どもに何と言いますか？

「何をやっているんだ。すぐにやめなさい」

と、すぐさまクレヨンを取り上げるなら、それは「怒る」です。きっと、子どもはあなたの怒鳴り声でその場で泣き出すか、部屋に逃げてしまうでしょう。

「おやおや、お絵描きをしているの？　でも、絵は壁に描くものではないので、画用紙に描いたらどうかな？　さあ、壁をきれいにして、画用紙にその素敵な絵をまた描いてくれるかな」

この言い方が「叱る」です。


美輪明宏さんも、「叱ることと怒ることは違います。叱るとは怒りの感情を抑え、子どものためになること（愛情）を子どもが理解できる言い方（理性）で説得すること。子育てに必要なのは、愛情と理性」と、言っています。

これで、「怒る」と「叱る」の違いがわかってもらえたでしょうか。

ただ、この叱るという行為は、褒めると同じくらい難しいもので、特に日本人は不得意といわれています。

「怒る」と「叱る」の違い

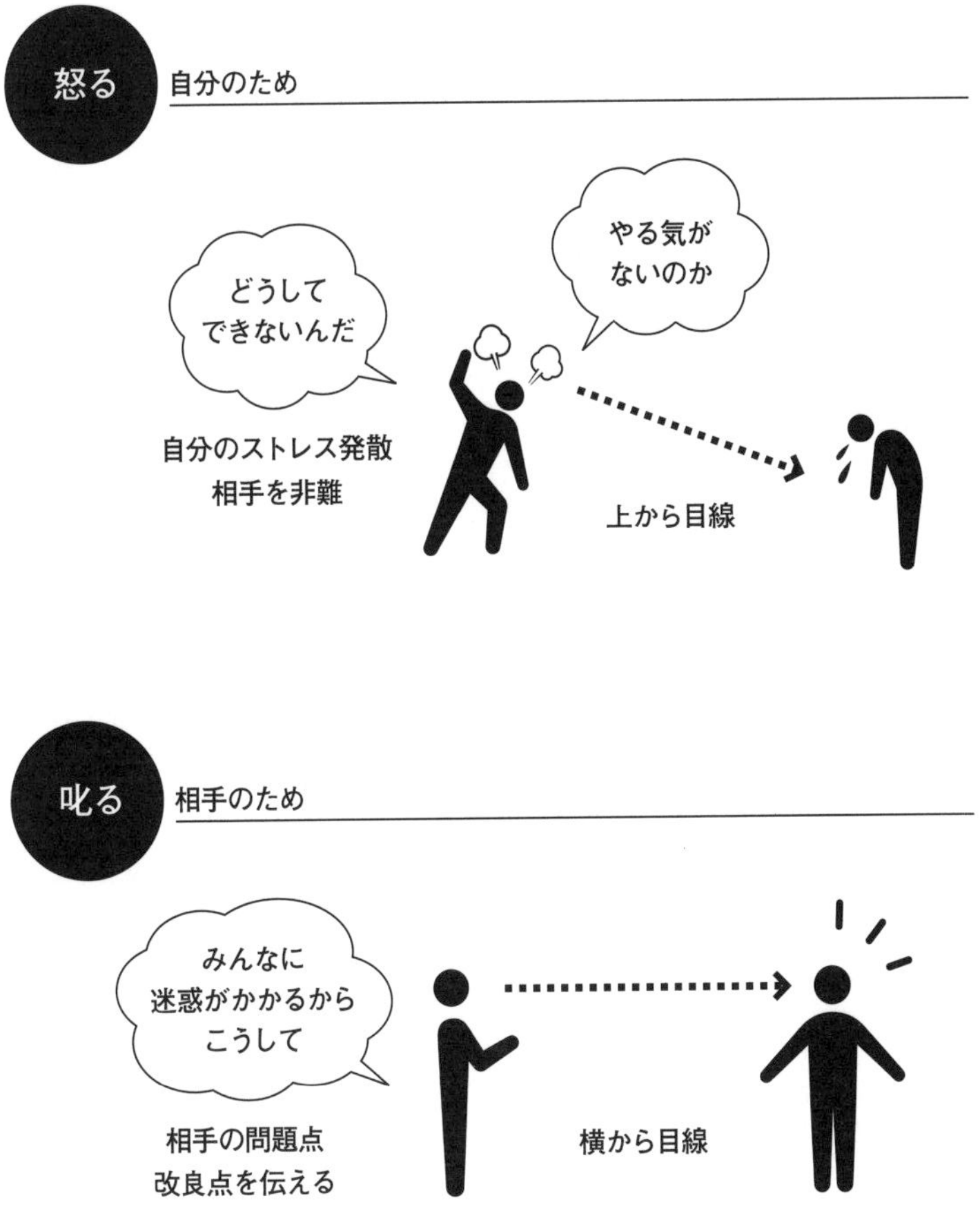
怒る
自分のため
どうして
できないんだ
やる気が
ないのか
自分のストレス発散
相手を非難
上から目線
叱る
相手のため
みんなに
迷惑がかかるから
こうして
相手の問題点
改良点を伝える
横から目線

なぜ、日本人は叱るのが苦手なのでしょうか？

それは、**「叱る」という行為**をどうしても**「上から目線」**でしてしまうからです。本来は対等の立場ともいえる「横から目線」でしなければならない行為を、上から高圧的に行なえば、相手が耳を貸してくれる確率は低くなります。それ以上に相手が感情的になればなるほど、こちらも感情的になるのは道理で、それでは負のスパイラルに陥ります。

たとえば、

「若い人にどう接したらいいのかわからない」

「今の若い人は何を考えているのか理解できない」

「オレの若い頃は……だったのに」

「今どきの若い子は根性がない」

など、自分の価値観を押しつけてしまう人がいまだに多く存在します。

これは、「上から目線」の典型といえます。

また、「黙ってオレについてくればいいんだ」といった態度も上から目線の一つで、これでは相手が聞く耳をもちませんし、一緒にやろうという気にはなれないでしょう。

もちろん、「どうせ、僕みたいな昭和の人間の言うことなんか聞けないでしょう」と卑屈になる「下から目線」も、上から目線同様、嫌われる要因となることはいうまでもありません。

「おれは助けてもらわねェと生きていけねェ自信がある‼」

これは漫画『ONE PIECE』の主人公であるルフィの有名なセリフですが、図らずも「横から目線」の言葉と言っていいでしょう。

「つべこべ言わずにやれ」という上から目線の言葉より、ルフィの言葉のほうがよっぽど胸に刺さり、共感し、横のつながりを大事にするのではないでしょうか。

このように、「横から目線」とは、ある意味、フラットな対話、プロセスの共有化といえるかもしれません。

保育士などが小さな子どもに話しかけるとき、しゃがんで目線の高さを同じにする光景を見かけたことがあると思いますが、相手に受け入れやすい姿勢やスタンスでコミュニケーションをとろうとするのが、「横から目線」です。

それを、「言われたとおりにやればいいんだ」と言って、できない人間には強制的に従わせようとし、自分の思い描いた状況にならないと感情的になり、手をあげてしまう行為が「体罰」ではないでしょうか。これは、明らかに「上から目線」の行為です。

この点を肝に銘じて、まずは間違った叱り方と正しい叱り方を説明します。

□間違った叱り方

①機嫌で叱る……同じ事柄でも昨日は機嫌が良かったから見過ごして、今日は機嫌が悪いから見過ごさずに叱るというのでは、相手は迷うだけで言うことを聞いてくれません。

②過去を引っ張り出す……「前から言おうと思っていたけど」「この際だから言うけど」など、過去のことをわざわざ引っ張り出して叱られることほど頭にくることはありません。そのとき、叱れなかったものは、今、叱らないのが鉄則です。

③原因を追及する……「何でできないの？」「何でそんなことをしたの？」というのは原因追及で、「犯人さがし」「つるし上げ」と同じです。相手は傷つき、意固地になるだけです。

④強い表現を使う……「いつも」「絶対」「必ず」「100％」という表現は使ってはいけません。なぜなら、「いつも」「絶対」「必ず」「100％」という言葉は、決めつけ以外の何ものでもないからです。

正しい叱り方

オフィスでは、朝礼などで、業績の悪い部下を課員の前で罵倒したり、成績の良い部下には猫なで声で褒めちぎったりする上司を、時折見かけることがありますが、それでは、「何でオレだけ怒られるのか」「アイツはいつも上司や取引先におべっか使いやがって。いい気になるなよ」などと、職場の雰囲気は険悪になりかねません。叱るにしても褒めるにしても、もっといい方法はいくらでもあります。

とにかく、しっかり正しく叱るとは、その場（その時）で、はっきりとした理由をつけて叱ることが大事ですが、その際、次の言葉を使うことをお勧めします。

それは、

「かりてきたねこ」で叱れ

です。

か　↓　感情的にならず
り　↓　理由を話す
て　↓　手短に
き　↓　キャラクターに触れず
た　↓　他人と比較せず
ね　↓　根にもたず
こ　↓　個別に

簡単にそれぞれについて説明します。

感情的な言葉に感情的な言葉を返したら、さらに怒りが増すばかりです。怒りは連鎖するものですから、丁寧な言葉を使うことを心がけましょう。「叱る」理由もきちんと伝えます。

また、ダラダラ叱られることは逆効果になりますので、叱るときはストレートに、手短に叱るのがいいでしょう。

キャラクターとは体の特徴や性格を指します。そうした身体的、精神的に傷つける言葉はご法度です。

他人と比較されることは誰でもイヤなものです。特に同僚や同級生などと比較されて叱られることは最もイヤだという人も多いので、やめてください。

根にもたずとは、過去を引っ張り出さないことです。

最後に、叱るのも、褒めるのと同様、1対1で行なってください。そのほうがはるかに効果的です。

松井秀喜選手のヤンキース時代の監督であったジョー・トーリ氏は、選手として2

000本安打、監督として2000勝をあげたメジャー唯一の人間です。彼は徹底的な個別主義をとり、ロッカールームでみんなの前で叱ったり、褒めたりするのではなく、叱るのも褒めるのも、選手を監督室に呼んで、必ず1対1で行なっていました。

メジャーリーガーはプライドが高い。特にエリート集団のヤンキースの選手は人一倍プライドが高い。したがって、みんなの前で選手を叱ると、叱られた選手はプライドがすさまじく傷つきます。逆にみんなの前で褒めると、褒められなかった選手はおもしろくなく、言うことを聞いてくれなくなります。こうした人心掌握術が功を奏して、輝かしい戦績を残すことができたのです。

さて、「怒りの正体」についてある程度、理解していただけたと思いますので、実際に、怒りを鎮め、味方につけるための習慣をこれから身につけていきましょう。

PART 2

怒りを消す、鎮める！

習慣
1

カウントバック

【怒りのピークは6秒で終わる】

６秒。

本書の冒頭でも説明しました。人の怒りがピークで維持される時間です。

怒りのピークは６秒で終わりを迎えます。最大でも６秒です。

どうですか？ 意外に短いと感じませんか？

だから、この６秒の間に「反射」をしてはいけません。

反射とは、反射的に「何かを言う」「言い返す」「何かをする」「仕返す」ということです。

「あなたはいつもそうなのよね」「お前だっていつも○○だろ」

「二度と連絡しないで」「あぁ、絶対にしないよ！」

こんな会話を交わしたことがある人は多いでしょう。

「売り言葉に買い言葉」と日本ではいいますが、これなどまさに反射の典型例です。

怒りを鎮めるには、この６秒をいかにやり過ごすかにかかっているのです。

あなたがこの６秒間をやり過ごせなければ、最悪の事態を招くこともあるでしょう。

怒りがこみ上げてくると、顔が紅潮したり、心臓の鼓動が早くなったり、体に変化が生じます。これは神経伝達物質であるノルアドレナリンが分泌されることによって引き起こされるものですが、ノルアドレナリンによる興奮状態が体内をめぐって落ち着くまでに6秒ほどかかるといいます。

つまり、その6秒間を我慢することができれば、興奮状態は沈静させることができるのです。

カウントバックとは、怒りを感じたときに、**頭の中で数を数える**ことで、怒りの感情から意識をそらし、相手に対して反射的に言動をしないためのテクニックです。

このテクニックを使って、意識を一瞬だけ違うところに飛ばすことで、衝動にまかせた取り返しのつかなくなるような言動を回避することができます。

やり方は、**大きな数字から等間隔で一定の数字を引いていく**だけです。

たとえば、100から始めて3ずつ引いていく（100、97、94、91……）とか、90から2ずつ、80から6ずつ、など自分の好きな方法でけっこうです。

また、数字が嫌いな人は、好きな野球チームの打順をあげてください。1番・○○、2番・△△、3番・□□……です。面倒くさければくさいほど効果的です。

とにかく、6秒間、怒りをやり過ごすことができれば、最悪の事態はまぬがれるのです。

怒りを鎮めるために数を数えたり、友だちの名前をかたっぱしからあげてみたりするのが効果的な理由は、**怒りの対象から意識を遠ざけることができる**からです。

人間にはFF行動（攻撃・逃避反応）があることは述べました。それは、別の言い方をすると、目の前の危機に対して体が即座に反応する状態をつくり出せるのです。だから気がついたら「相手に殴りかかっていた」「大声をあげて叫んでいた」という行動を起こしてしまうのです。

脳の扁桃体が怒りを捕捉してからアクションを起こすまで0・25〜2秒ほどといわれています。つまり、この反射的な時間をうまくやり過ごすことができれば、怒りをコントロールすることができるのです。

そして、怒りの反応は、扁桃体を含む大脳辺縁系が関係しますが、数を数えることで高次認知機能をもつ大脳新皮質の判断を仰ぐ時間を稼ぐのです。「6秒くらいふつうに数えられるだろう」と侮ってはいけません。実際、この状態に置かれると、強い怒りに我を忘れて数を数えることすらできません。そうした習慣を身につけていないことも要因ですが、キレた状態では自分がどういう状況下にいるのか把握することさえおぼつかないからでしょう。

たとえば、野球にはデッドボール（死球）がつきものです。あたりどころが悪ければ、選手生命が断たれることにもなりかねませんので、あてられた選手は、あてた投手に怒りを覚えます。頭部など特に危険な部位にあてられたときには、文句を言うだけでは済まず、怒りを抑えきれず殴りかかろうとして乱闘になり、あげくに退場や出場停止、罰金を受けることさえあります。

そのときでも、カウントバックを使って、自分を落ち着かせ、死球を受けても決して怒ることなく、「いいよ、いいよ。仕方がない」と言わんばかりの笑顔で一塁へ歩いていけば、相手の投手も「次はぶつけないようにしないと」と思うのが人情というものです。

カウントバックで怒りから意識を遠ざける

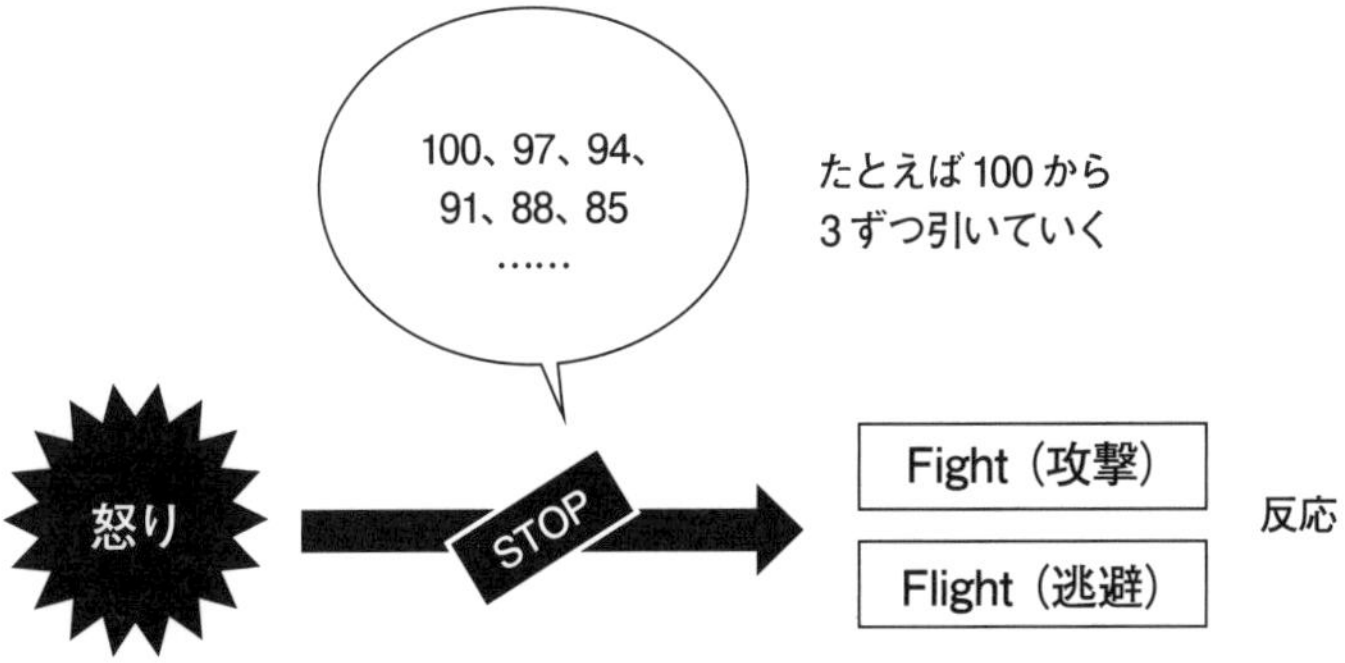

数字のほか、友だちの名前、花の名前などでもOK。
とにかく6秒をやり過ごす

この投手心理をついて、必ず次打席で、高確率でヒットかホームランにしていた打者が、連続試合出場記録ホルダーである「鉄人」衣笠祥雄（元広島）選手と、連続イニング・連続試合フルイニング出場の記録をもつ金本知憲（元広島、阪神）選手の２人でした。

「言うは易く行なうは難し」ではありませんが、弱い怒りのときに数を数えたりする練習をくり返し、突然沸騰する怒りに対してある程度の免疫をつけておくことをお勧めします。「習うより慣れよ」とはよく言ったものです。

アンガーマネジメントでは、**怒っていい**条件として、

①相手に過失があり、
その過失によって不利益が生じたとき

かつ、

②その過失が予想外だったとき

をあげています。

「かつ」が大事なポイントになります。

会社にも、自分の責務をまっとうしないくせに人には文句を言う人や、いくら注意をしても、同じ間違いを平気で犯す人がいて、周囲は「ムッとする」「カッとなる」という話で盛り上がったりしますが、この二つの例は、怒るべきケースではないのです。

つまり、この二つのケースは、ふだんから慣れていてある程度予想される、いわば免疫のできている事態なので、怒るべきではないのです。こんなときこそ、「カウントバック」の出番なのです。

心の中で「100…97…94…91……」と数を数えることで、心を落ち着かせ、怒りにまかせた行動を回避し、気持ちを切り替えるのです。

「そんなことができれば、もうやっているよ。優秀な人だからできることじゃないの」と言う人もいるでしょう。しかし、心配無用です。

次にあげていくテクニックを使えば、読者のみなさんでも、怒りをやり過ごすだけでなく、怒りの感情のエネルギーを正のエネルギーに転換することができるはずです。

習慣2

呼吸リラクゼーション

【幸せのホルモン分泌】

怒りが立ち去る6秒間をいかにしてやり過ごすか。

これは簡単なようで難しい問題ですが、この際、習慣1のカウントバックとともに有用なのが「呼吸リラクゼーション」です。

「だってあの人がそう言ったから……」

「私は悪くない。言われたことをしただけ……」

「いや、それは違うんじゃないかな……」

などと、何が起きてもすべて他人のせい、自分は何も悪くないという態度。何を言っても否定的に返してくる人との会話。

そんな対応をされたら、頭にくるのが人情です。売り言葉に買い言葉ではありませんが、人から腹の立つことを言われると、怒りの言葉で切り返したくなります。

人は怒り心頭に発すると、呼吸が速く浅くなって、冷静でいられなくなります。呼吸が浅くなると、自律神経が乱れ、交感神経系が活発になります。この状態になると、人間は情緒不安定になり、イライラしたり、不安が増したりする症状が現れます。

そんなときは、まずは怒りの言葉をのみ込んで、大きく深呼吸するのです。怒りの感情で荒くなった呼吸も、2、3回深呼吸をくり返せば、自律神経を整え、自分をリラックスさせ、冷静さを取り戻すことができます。

数を数えるのが面倒という人でも、深呼吸なら意外と簡単にできる、と思う方も多いでしょう。

さて、その深呼吸ですが、**腹式呼吸**が一番効果的です。腹式呼吸はみなさんなじみが深いと思いますが、ここであらためて正しい方法を紹介しておきます。

まず背筋を伸ばして、鼻からゆっくり息を吸い込みます。このときおへその下あたり（丹田《たんでん》という）に空気を溜めるようなイメージで吸い込むといいでしょう。吸い込んだ息はいったん止めて、口からゆっくり、体の中の悪いものをすべて出しきるように息を吐きます。そのとき、吸うときの倍くらいの時間をかけて吐くことを心がけてください。目を閉じながら行なうと、より落ち着くという人もいます。

腹式呼吸が苦手な人は、息を鼻から吸い込んだ際、胸の中がガランとした空洞をイメージしながら呼吸をしてみてください。そうすると、落ち着きが増しますし、より効果的に怒りをやり過ごすことができます。

正しい腹式呼吸のやり方

1 背筋を伸ばす

↓

2 鼻からゆっくり息を吸い込む
（おへその下あたりに空気を留めるイメージ）

目を閉じて
行なうと、より
リラックスできる

↓

3 吸い込んだ息をいったん止める

↓

4 吸うときの倍くらい時間をかけて、
口から息を吐き出す

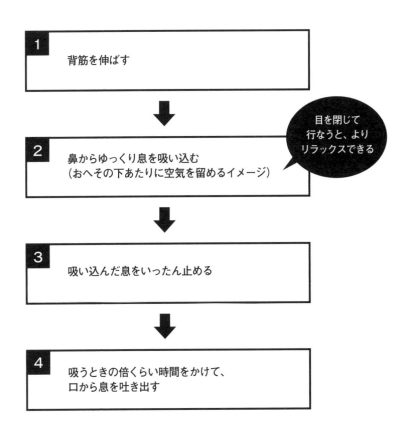

深呼吸だけでもかなり効果はあると思いますが、さらに、**身体リラクゼーション**と**イメージリラクゼーション**を組み合わせると、怒りの感情はかなり消えていきます。

身体リラクゼーションとは、軽い有酸素運動を行なうことで、ストレスを緩和し、リラックスするものです。有酸素運動とは、「酸素を多く取り入れ、その酸素で体内の脂肪を燃焼させる、負荷が少なくゆっくりとした、持続性のある運動」のことです。

一定時間以上の、ランニング、サイクリング、スイミング、エアロビクス、ヨガ、太極拳、ストレッチなどが有酸素運動の代表的なものですが、これを軽めに行なうと、脳から**リラックス効果が得られる「幸せのホルモン」**とも言われる「セロトニン」などの化学物質が分泌されます。〝軽め〟というのがポイントで、過度なトレーニングは、かえってイライラが募り、逆効果になってしまいます。たとえば、ウォーキングなら1日1万歩くらいが目安です。

また、体調を改善することで、精神的にも安定し、心の健康を促進します。

一方、イメージリラクゼーションとは、避暑地や森林公園、温泉やマッサージなどでリラックスできた体験、リゾート地で味わえそうな心地よさをイメージすることで

身体リラクゼーションとイメージリラクゼーション

身体リラクゼーション

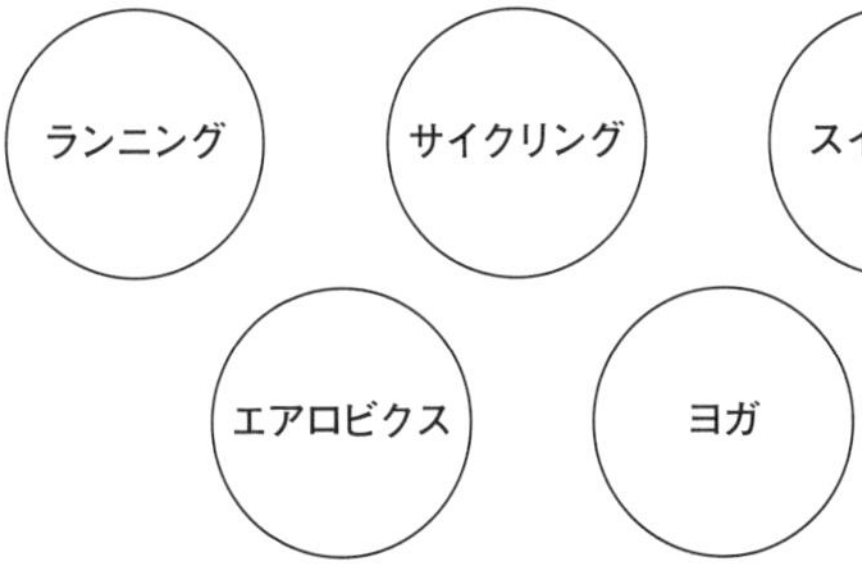

有酸素運動を軽く
行なうと「幸せのホルモン」
が分泌される

イメージリラクゼーション

リラックスした体験 → 怒りをリセット

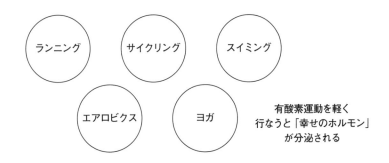

心を落ち着かせるものです。

たとえば、芝生の上に寝転び、暖かな太陽の日差しを浴びていたときの顔のほてり、新緑の匂い、そよぐ風など、リラックスしていた（できそうな）場面をイメージする（身を置く）ことで、心を落ち着かせられれば、目の前の怒りに対しても冷静に対処することができるようになります。

人は、すでにリラックスしたことがある体験を思い出すほうが快感をイメージしやすく、怒りの感情を早くリセットできます。

イライラが募るような状況に出くわしたときこそ、呼吸リラクゼーションやイメージリラクゼーションが最適なのです。

習慣
3

ストップシンキング

【思考停止テクニック】

怒りの感情は強く連鎖するため、どうしても抑えられないという場合もあります。相手の言動に「ムッ」として、沸々と湧き上がってくる怒りの感情に抗しきれず、「ふざけんなよ」と怒りをエスカレートさせてしまうのです。

この怒りの感情は、そのまま放置すると、どんどん増幅していき、衝動的な行動に出てしまう危険性を孕んでいます。

そうしたときに、お勧めなのが**ディレイ・テクニック**です。ディレイ、つまり反応を遅らせるのです。

習慣1のカウントバック、習慣2の呼吸リラクゼーションをやってみて、それでも収まらない怒りは目の前の対象者にそのままぶつけることがないように、とにかく引き延ばす作戦をとるのです。その結果、6秒間怒りをやり過ごすことができれば、脳の怒りはクールダウンします。

ディレイ・テクニックの代表が、**ストップシンキング**（思考停止テクニック）です。強い怒りを抱くと、怒りの対象や相手への反論などで頭の中がいっぱいになってしまいます。そこで、まずは**「思考停止状態をつくる」**のです。

怒りの感情に体全体が乗っ取られそうな気配を感じたら、すぐに

「止まれ！」
「ストップ！」
「考えるな！」

と自分自身に呼びかけるのです。

とにかく、暴走する車を、両手を広げて必死になって止めようとするくらい強く心の中で唱えてください。

今や押しも押されもせぬ全日本の「4番」に成長した日本ハム・中田翔選手は、入団当初はプロの壁にぶちあたっていました。成績の低迷によるイライラもあって、記者の容赦ない質問にカチンとくることが多く、それをあからさまに態度にも出していました。

ところが、3年目にドラフト1位で入団した斎藤佑樹選手のつねにファンやマスコミに礼儀正しく、チームに対しても協調性をもって行動している姿を見て、自身の態度、考え方を改めたそうです。

たとえ、相手の対応にイラッとしても、心の中で「ちょっと待てよ」とつぶやくことで、怒りにすぐに反応するのではなく、「やめとけ、考えるな、ストップ！」と自分自身に言い聞かせる、自己暗示をかけるようにしたそうです。「野球に対する姿勢だけでなく、考え方が大きく変わった」という中田選手のその後の活躍は誰もが知るところでしょう。

また、仕事でミスが続いたりすると、「こうすればよかったかな？」「あの人の意見を聞いておけばよかった」などと、仮定の状況をあれこれ考えてしまい止まらなくなることがあります。

問題解決にならないようなまとまらない考えが頭を渦巻きはじめたら、それは精神的にも疲れている証拠ですし、ストレスが溜まりすぎている状態かもしれません。疲れた頭であれこれ考えてもいいことはありませんので、こんなときもストップシンキングの登場です。やり方は自分にあった方法でかまいませんが、自分に対して「STOP THINKING」と唱えるのです。

もちろん、「今日は早く帰って寝る」とか「お風呂でゆっくりしよう」といった言葉でもいいでしょう。

とにかく、**思考停止を脳に命令することで、「悪い思考のスパイラル」を一時的にでも解放させる**のです。

しかし、思考を停止させるといっても、現実的に「何も考えない」というのはちょっと難しいでしょう。「考えない」といっても、あれやこれや雑念が浮かんでくるのが人間の性です。

そこで、習慣2の呼吸リラクゼーションの腹式呼吸では、胸が空洞のイメージでしたが、ストップシンキングの場合は、頭の中が空っぽ（何もない）の状態をイメージしてみてください。もしくは、頭の中が「1枚の真っ白な紙」になっていると想像するのです。

こうしたイメージの力を借りると、「何も考えない」という状態をつくりやすくなります。

次に、イメージの力を借りるストップシンキングに付随したテクニックをいくつか紹介しておきましょう。

ストップシンキングで思考を停止する

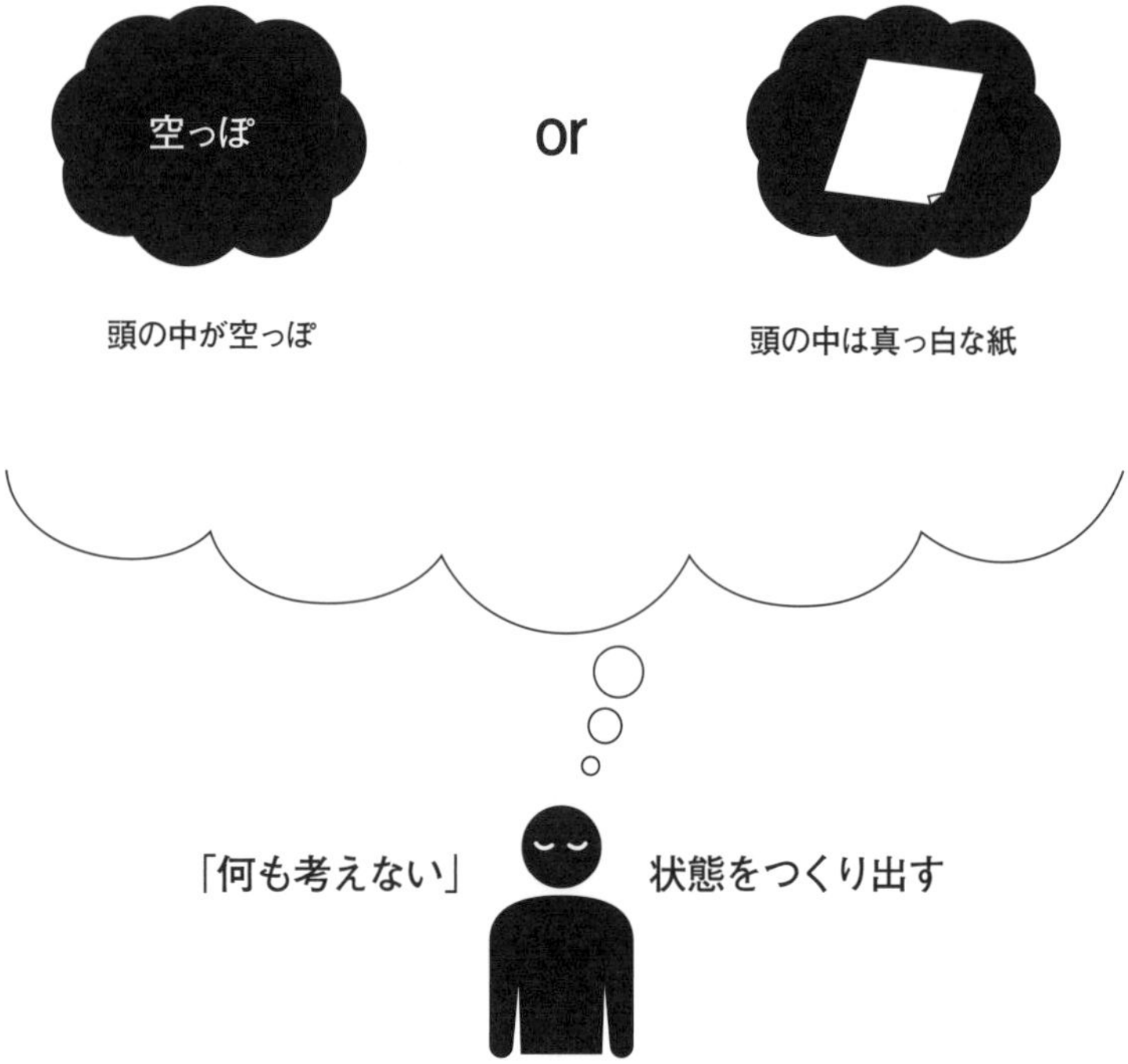

□ミラクルデイ・エクササイズ（奇跡の1日）

まず、理想の日（奇跡の日＝ミラクルデイ）を想像します。そんな日の気分はいかに素晴らしいかをイメージするのです。

そうすると、気持ちがワクワクしてきます。ワクワクしている人には、怒りの感情などが渦を巻くことはありえません。

たとえば、今、部下と進めているプロジェクトがあるのですが、クライアントは無理難題を出してくるし、部下は思ったように動いてくれないのでまったく仕事が捗らないとします。

「オレは何のために仕事をしているんだ」と、誰にもぶつけられない怒りを溜め込んで今にも爆発しそうです。

そんなときには、現状をいったん棚に上げて（思考停止して）、自分が抱えている諸問題がすべて解決しているバラ色の日（奇跡の日）をイメージするのです。

その理想の日には、あなたはどんな気持ちでいますか？　どんな表情をしていると思いますか？　そしてどんな変化を遂げていて、誰がそれに気づくと思いますか？

とイメージするのです。

ミラクルデイが来ることを信じて、夢を諦めなかった人物はたくさんいます。

たとえば、映画『オールド・ルーキー』のモデルとして知られるジム・モリス選手。幼い頃からメジャーリーガーになることを夢見て、目指していましたが、叶わず、高校教師のかたわら野球部の監督をしていました。

低迷するチームに「夢をもて！」と檄《げき》を飛ばしたところ、「監督はなぜ現役の選手ではないの？」と言われてしまいます。この言葉に一念発起したモリスは、タンパベイ・デビルレイズ（現レイズ）の入団テストを受けて見事合格。35歳の〝オールド・ルーキー〟としてメジャーリーグのマウンドに立つことができました。二年間で21試合に登板し、勝敗にこそ関係ありませんでしたが、長年の夢を叶えることができたのです。

また、現在では世界に約二万店の店舗数を誇るケンタッキー・フライド・チキン（ＫＦＣ）の創業者カーネル・サンダース氏は、フランチャイズ1号店を開いたのは62歳のときでした。

モリス選手にしろ、サンダース氏にしろ、まさに、

「夢を叶えるのに遅すぎることはない」

ことを、身をもって証明してくれた人物に他なりません。

同じようなことは、松下幸之助氏による「失敗したところでやめてしまうから失敗になる。成功するところまで続ければ、それが成功になる」や、成功哲学の元祖ナポレオン・ヒルの「成功するまで挑戦を続ける。そうすれば失敗者にならない」、「妥協しない、という言葉は、昔から好きだ」と、本来利き足でない左足でのトレーニングを続け、自分の可能性を広げる武器にまでしたサッカー日本代表の本田圭佑選手など、「夢を決して諦めなかった」からこそ、自分の夢を、成功を導き出せたのでしょう。

ゴールをイメージすることで、その日に向かうための方向性や目的を明確にし、できることを実践していこうというモチベーションやテンションを自ら上げていくことによって、最終的に奇跡の日を現実にすることができるのです。

□ポジティブ・モーメント（ヒーローインタビュー）

気持ちが沈み、不安からイライラしそうなとき、成功した瞬間を思い出すことで、喜びあふれる自分、前向きな自分を思い出し、怒りの感情をリセットするのが「ポジティブ・モーメント」です。

特に夜寝る前、**人生で一番楽しかった瞬間の感情を**思い出して、そのときの気持ちを**再体験してみる**のです。

過去の成功体験を思い出すことで、目の前の心配事がうまくいくというイメージに変えることを目指すので、**「擬似的成功再体験」**ともいいます。

ただし、「あの頃はよかったな〜」という漠然としたものではうまくいきません。たとえば、「甲子園を目指した夏の県大会予選の1回戦の最初の打席で緊張もせずに、うまくボールを捉えレフト前にヒットを打った瞬間」といった具合に、**できるだけ具体的に**思い出して再体験するのがいいでしょう。

これを、1日の終わりに行なうことによって、ストレスや怒りの感情を溜め込まず、**朝起きたときにはすっかりリセットできる**のです。

仕事で失敗をして、落ち込んだ気持ちを引きずったまま帰宅し、食欲も湧かないようなとき、このポジティブ・モーメントを使って、成功したときの自身の体験を思い出し、気持ちをリセットし、明日からの仕事への活力に変えていくことができます。

この応用例として、棒高跳びの世界女王エレーナ・イシンバエワ選手があげられるかもしれません。

彼女は、「不可能」といわれた女子初の5メートルを記録、世界記録を20回も更新しました。それだけでも偉大な記録に違いないのですが、出場すれば観衆はイシンバエワ選手に新記録を期待します。それを彼女は「とても苦しいこと」と表現しています。

しかし、そのプレッシャーを乗り越えるために、あえて「世界記録は私の名刺です」と言い、鳥人ブブカ選手がつくった世界記録更新35回を超えることを目標に、練習を続けてきたといいます。

勝つだけでは満足せず、さらなる高みを目指す。だからこそ、人々はその姿に期待し、感動するのではないでしょうか。

□コーピング・マントラ（対処呪文、魔法の言葉）

コーピング・マントラ（COPING MANTRA）の「ＣＯＰＥ」とは「問題が生じたときうまく対処すること」、「ＭＡＮＴＲＡ」とは「くり返して使うフレーズ（呪文、魔法の言葉）」を意味します。

気持ちが高ぶったなと思ったときや感情を抑えられないようなときに、自分を冷静にさせる文言をあらかじめ決めておいて、それを唱えることで怒りの対象に反射しないよう時間を稼ぐディレイ・テクニックの一つです。

あらかじめ自分で決めておく文言が「マントラ＝呪文、魔法の言葉」です。

マントラは、唱えることで冷静さを取り戻せればいいので、何でもかまいません。

次に例をあげておきますが、唱えやすければ（言いやすければ）短くても長くてもけっこうです。**動作が伴ったほうがより効果的**なので、体に覚え込ませることが肝心です。

「**落ち着こう**」

「**リセットしよう**」

「怒っても変わらない」
「相手に合わせることはない」
「よくあること」
「気にしない、気にしない」
「まだまだ小さいな、自分」

自分用のマントラをつくり、「決めゼリフ化」します。カッとなったときや怒りがこみ上げたときに、それを唱えることで、冷静さを取り戻すパターンがつくり出せます。

マントラは声に出しても、心の中でつぶやいてもいいですが、**声に出しても人に迷惑がかからない場所ならば、積極的に声に出してください。**口から耳へ、そして脳へと伝わることで即効性が高まります。

回数に関しては、こういう話があります。「叶う」（かなう）は口に十です。願いや希望、夢は10回、口にすると叶うといわれています。その点から考えると、マントラも10回、口にするといいかもしれません。

ちなみに11回、口にすると、「吐く」（はく）となるので、やはり、最大で10回がよさそうです。

華やかなイメージが強い「ミスター」こと、長嶋茂雄選手ですが、選手、監督としてのスタートは決して順風満帆ではありませんでした。

プロデビューした１９５８年の開幕戦では、金田正一（国鉄）投手の前に四連続空振り三振を喫しました。監督初年度にも47勝（76敗）しかあげられず、巨人軍史上初の最下位に沈んでいます。

このとき、長嶋監督は「つくづく自分の人生は波瀾万丈だなあ。デビュー開幕戦で四連続三振。監督としても最初は最下位。**あとはよくなるばかりだ**と思うしかなかった」と言っています。

そして、その言葉を事あるごとに自分に言い聞かせ、「ミスター」という名に恥じないサクセス人生を歩みました。

２０１２年11月、シドニー五輪男子１００kg級金メダリスト井上康生選手が柔道全日本男子の監督に就任しました。

彼は、2013年の世界柔道選手権で「魔法の言葉（マントラ）」を使って、金メダリストを3人も誕生させました。

その言葉がけは、60kg以下級・高藤直寿選手（東海大）には、**「オレの監督最初の世界チャンピオンになってくれ。約束だぞ」**

66kg以下級・海老沼匡選手（パーク24）には、**「お前は世界一になるにふさわしい人間だ」**

73kg以下級・大野将平選手（当時、天理大）には、**「お前の時代をつくれ！」**

というものでした。


イギリス人F1ドライバー、ナイジェル・マンセルは、1992年、ついにワールドチャンピオンになりました。10歳でカートを始めた彼は、モータースポーツの最高峰であるF1レーサーになるために、シャワーも付いていない古いキャンピングカーに寝泊りしながら移動を続け、ようやくレーシングチーム、ロータスのテストドライバーの地位を得て、1980年、F1デビューを果たしました。

そんなマンセルの初優勝時のコメントは、

「100回やってダメなら、101回やるまで」

何があっても、決して諦めなかったマンセル。生きている限り、希望を抱くポジティブさで、夢を叶えたのです。

男子スピードスケートで四度のオリンピック出場、世界記録八度の更新を成し遂げたアメリカのダン・ジャンセン選手。

しかし、彼は実力がありながらオリンピックでは不幸が続き、最初のオリンピックは四位、二度目はレース前日に実姉が白血病で亡くなり、精神的動揺から500メートル、1000メートルともに転倒棄権。三度目もメダルに届かず、悲劇の選手といわれていました。そして念願のメダルを手にできたのは競技人生のピークを過ぎ、年齢的にもラストチャンスといわれた四度目のリレハンメル大会でした。

「お前はいつだって速かったじゃないか。さあ、滑って来い」

最後のレースになる1000メートルに臨む前に、この言葉を自ら口にして気持ちを落ち着かせ、ついに金メダルを手にしたのです。

これこそコーピング・マントラの真骨頂といえないでしょうか。

また、ＡＫＢ48の初代総監督、高橋みなみさんにも名言があります。

それは、

「努力は必ず報われると、私、高橋みなみは、**人生をもって証明します」**

という言葉です。

彼女は、実際のところ、努力は必ず報われるとは限らないと思っていたはずです。それでもがんばっている人が報われてほしいという思いを込めてこう言い続け、そしてその言葉はどれだけの人を勇気づけたことでしょうか。

がんばってもがんばっても一向に成果が出ない、同僚が先に出世してしまい気落ちしている、何をやっても裏目に出る、など、どん底を味わっているという方には、

「せっかくだから、～と思う」という魔法の言葉を授けましょう。

マラソンの小出義雄監督の教え子で、とにかく、とことん自分を追い込む練習をしないと不安で仕方がない有森裕子選手が、あるとき、練習のしすぎで足を故障してしまいました。

「大会が近いのに、故障によって調整が遅れてしまう。どうしよう！」と焦る有森選手に、小出監督は、「せっかく故障したんだから、今しかできないことをやろう」「せっかく神様が休めと言っているのだから、しっかり休もう」と声をかけたのです。

この言葉で落ち着きを取り戻した有森選手は、治療に専念し、後に見事メダルを獲得するに至ったのです。

自動車の買取・販売会社、ガリバーインターナショナルの羽鳥兼市会長にも口グセがあり、それは、まずどんな出来事が起こっても、「よかった、よかった」と言うことです。そして、そのあとに、「よかった、よかった、ケガがこの程度で」「よかった、よかった、眠れなくて。明日おかげ様でぐっすり眠れる」と理由づけするそうです。

小出監督や羽鳥氏の言葉は、どんな状況でも、どんな人にも、使えそうです。

こんな言葉はすぐに思い浮かばないというリーダーや管理職の人は、次のような非常にシンプルで、かつ、有効な言葉がけをしてみてください。

部下の仕事がうまくいったら、

「君らしい！」

同じように、部下が何か失敗したら、

「君らしくない！」

これだけで十分です。

もちろん、相手のことをよく知っていて、まったくの他人ではないというのが条件ですが、これも〝魔法の言葉〟の一つです。

ちなみに、コーピング・マントラは習慣2の呼吸リラクゼーションと併せて使うと効果が増すことがわかっています。大きく深呼吸したあとにマントラを唱えて、ゆっくりと平静さを取り戻すといいでしょう。

世の中には、自分のことばかり話したがる人がたくさんいます。そういう人の相手をしなければならないとき、ヘタに相槌を打ちながら聞いていると、いつまでも話が終わらないことがあります。しかし、うんざりして途中で「もうその話はいいから」と遮ってしまうと、今度は相手を怒らせてしまいかねません。

こんな状況のときは、漫才師になりきってみましょう。

つまり、相手をボケ役、自分をツッコミ役と想定して、**心の中で相手の話にツッコミを入れる**のです。

このときの「マントラ」は、関西人でなくても「それがどないしたんや」です。「それがどうした」という標準語だと語気が強くなりすぎ、逆に感情的になってしまうからです。

たとえば、

「ほんと、うちの会社の場合、○○なんですよ」（「それがどないしたんや」）

「しかも、これが××でして……」（「それがどないしたんや」）

と、相手の話を心の中でツッコミを入れながら聞き流すのです。

ツッコミを入れることで、相手への過度の感情移入をせずに済み、ある程度の距離感をもったまま接することができるのです。

この手法は、相手が自分のことばかり話すときだけではなく、愚痴っぽいお姑《しゅうとめ》さんなどにも有効に作用します。

たとえば、

「本当にあなたは気が利かないわね」（「それがどないしたんや」）

「あら、また新しい服を買ったの？　贅沢してるわね」（「それがどないしたんや」）

という感じに、「それがどないしたんや」という言葉をマントラにしておけば、右から左に受け流すことができるようになり、嫁姑関係も少しは円満になる期待がもてるかもしれません。

□ポジティブ・セルフトーク（元気メッセージ、プラス思考フレーズ）

不当な評価を受けて気持ちが折れそうになったり、忙しすぎてイライラしたりしたときなどに、あらかじめ自分で決めておいた「元気メッセージ」「プラス思考フレーズ」を強い気持ちで唱えることで、自分を勇気づけ、鼓舞することができます。

たとえば、「今こそ成長のチャンスだ」「このままでは終わらないぞ」「明日で流れが変わるはずだ」などのメッセージやフレーズを事前に用意しておくのです。

活用するときのポイントは、

①言葉遣いは前向きに
②やる気が湧く態度で
③くり返し、声に出して言う

の三つです。

わかりやすい例として、元巨人選手・DeNA監督であった中畑清選手の代名詞ともいえる**「絶好調！」**という雄叫びがあげられるでしょう。

このフレーズは、当時監督だった長嶋茂雄氏に調子を聞かれた中畑選手が「まあまあです」と答えたところ、コーチから「そんな答えじゃ起用されないぞ。絶好調と言え」と叱られたことが始まりと言われていますが、まさに、前向きで、短くやる気の出るフレーズで、声に出して言うと元気の出る言葉の典型です。

人間の脳は、ネガティブな言葉を思い浮かべがちだと言われています。そうでないと危険を察知できないからです。しかし、そのイメージが行動に影響するのも事実です。悪いイメージからは悪い行動しか生まれません。だからこそ、ポジティブ・セルフトークによって、**自己暗示をかけ、軌道修正していく**必要があるのです。

コーピング・マントラは、文言、言葉、呪文のように短いもの、ポジティブ・セルフトークはメッセージやフレーズのように長いもの、という違いがあります。

また、コーピング・マントラは、気持ちを落ち着かせ、冷静さを取り戻すことを目的としますが、**ポジティブ・セルフトークは、気持ちを高揚させ、自分を鼓舞する目的**として用います。

そして、ポジティブ・セルフトークは、中畑選手の例のように、コーピング・マントラと相性がよく、セットで使うと効果が増します。

『キッド』『サーカス』『街の灯』『モダン・タイムス』『ライムライト』など、数多くの名作を残し、映画史上最も偉大な喜劇王といわれたチャーリー・チャップリンは、

「あなたの最高傑作は？」

と聞かれて、いつもこう答えたそうです。

「Next One（次回作だ）！」

この言葉には、過去は気にしなくてもいい、もう終わったことだから、というメッセージが込められています。

お茶の間で一世を風靡した萩本欽一（欽ちゃん）さんにも、「この人、イヤだな」という人間がいたそうです。

そこで欽ちゃんは、

「好きなほうじゃない」

と思うようにしたそうです。

嫌いだと言ってしまえば、嫌いなところばかりに目がいってしまいます。一方、好きだと言えば、いいところばかりが目に飛び込んできます。それが人間心理です。

すべての人を好きになれれば問題はないのですが、どうしても好きになれないという人間もいるのが常です。そのときは、「嫌い」と思うのではなく、「好きなほうじゃない」と思うようにしている、と欽ちゃんは言います。

「好き」というポジティブな言葉を使うことで、嫌いな人も前向きに捉えることができ、人間関係を友好に保てるようになるのです。

２００1年の大阪国際女子マラソンで初マラソンにして世界最高記録で優勝したり、1万メートルの日本記録をつくったりするなど、十分な実績をもっていた渋井陽子選手は、なぜかオリンピックの代表選考レースでは力を発揮できないでいました。

たとえば、アテネオリンピックの代表選考レース9位、北京オリンピックの代表選考レースも7位という結果でした。このとき、渋井選手は「自分に裏切られた」ショックで二カ月近くも練習できませんでした。さらに同僚の土佐礼子選手が監督とアテネに出場したため、たった1人の練習を余儀なくされた彼女は、悩み抜いた末に、

「いくら嘆いても失ったものは返ってこない。ならば前に進もう」

という境地に達しました。前を向くためには過去を振り返っても仕方ない。マイナスからプラスに転じるプラス思考フレーズといっていいでしょう。

やる気を取り戻した渋井選手は、アテネオリンピックが開催された２００4年、ベルリンマラソンを2時間19分41秒で走り、高橋尚子選手がもっていた日本記録を更新

することに成功しました。

ポジティブ・セルフトークを使って感情をコントロールし、自分の夢を叶え、成功を収めた選手はまだまだいます。

メジャーリーグで首位打者7回、15年連続打率3割を達成した「安打製造機」ことロッド・カルー選手は、

「子どもの頃も、メジャーリーグの選手になった今も、絶対に打てるという信念をもってやってきた」

「ピッチャーが誰であれ関係ない。オレが自信満々にバッターボックスに立っていることを相手ピッチャーにもわからせてやりたいね。オレが世界最高のバッターだってことを」

この自信の裏には、もちろん血のにじむような練習をしてきた自負もあるでしょう。それに加えてこのようなプラスの言葉を口にすることで、自分で自分を後押ししているのです。

さて、ポジティブ・セルフトークのつくり方のコツは、必ず**未来完了形で言い聞かせること**です。

なぜなら、「うまくいきたい」と思う気持ちの中には「うまくいかなかったらどうしよう」という不安も含まれています。すると脳はその不安を察知し、体に緊張が走り、ベストなパフォーマンスを発揮できにくくなるからです。

ですから、「自分はダメな人間だ」「このままだと悪いことが起こりそうだ」というネガティブな言葉を使わず、**「自分ならうまくいく、大丈夫！」**と未来完了形にし、脳の不安を和らげるとともに、力強い言葉で自分を激励することで、イライラの元にもなる不安を解消させるのです。

さて、習慣3【ストップシンキング】に関連するエピソードをいくつかあげてきました。一つひとつは短いエッセンスですが、私たちの日常生活にも応用できるような含蓄のあるものとなっています。

自分なりのマントラや元気メッセージ、プラス思考フレーズなどを考えてみるための参考として、今後のビジネス現場や人間関係などに活用してみてください。

習慣
4

グラウンディング

【意識集中テクニック】

営業成績の上がらない部下が、「このご時世、ホイホイ何でも買ってくれるお客さんなんかいませんよ」とか「あとひと押しなんですが、なかなかお客様が首を縦に振らないんですよ」と、あたかも自分には責任がないような言い訳をくり返すので、頭に血が上り、「ふざけるな！」と一喝しそうになる瞬間があります。

そうしたとき、言い訳をしている部下に焦点をあててしまうと、そのまま怒りの言葉をぶちまけてしまうことになり、後々、お互いにいい気持ちはしません。

そんなときは、怒りの対象である目の前の部下にフォーカスするのではなく、別の対象に意識をそらすことで、怒りの感情を鎮めることが必要です。

そのためのテクニックがこれから説明する、**「グラウンディング」**です。

グラウンディングとは、もともとは「地に足をつける」といった意味ですが、アンガーマネジメントでは、**「その場に釘づけにする」**といった意味合いで使います。

怒りは、あとで振り返って「何であんなに怒っていたのだろう」と思うほど、すべての意識をその感情で支配してしまうので、私たちは怒りを感じるとほかのことが目に入らなくなってしまいます。

怒りに意識がいけばいくほど、怒りは大きく膨らみ、やがて大爆発します。場合によっては相手を傷つけ、取り返しのつかない事態や、大切な人との関係を一瞬で失ってしまうことにもなりかねません。そうならないためにも、怒りとは関係のないことに意識を向け、やり過ごすことが必要です。

グラウンディングでは、**自分の身の周りにある物に意識を集中して観察する**ことで、頭に上った血の気を「スーッ」と引き、気持ちを冷静にさせます。

意識を集中する物は、ペンや携帯電話、時計、本など何でもかまいません。とにかく自分の意識をそらすのです。

たとえば、ある打ち合わせがあり、こちらの足元を見た相手の態度に腹が立っているとします。

こんなとき、「この前と言っていることが全然違うじゃないか」と思ったり、「今度、違う要求を出されたら、どうやって言い返してやろうか」などと考えたりして、打ち合わせの内容が頭に入ってこないことがあります。

グラウンディングで意識を釘づけにする

怒りを感じた相手との間にある物に
意識を集中するのが有効

ほかにも「美容院に時間を決めて予約を入れたのに、30分も待たされた」「笑ってごまかされた」など、人はちょっとしたことで、怒りに火がつく生き物です。

こんなときこそ、グラウンディングの出番です。

とにかく、「目の前にある物を細かく観察」してください。

最も有効なグラウンディングは、**相手との間にある物**（たとえば、スマートフォンの画面の傷など）に意識を集中したり、相手の後ろの壁に掛け時計があったら、その秒針などに意識を集中したりして、怒りをやり過ごすことです。6秒我慢できたら、怒りも鎮まってくるでしょう。

最終回の視聴率が40％を超えた人気テレビドラマ『半沢直樹』をご覧になった方は多いでしょう。その物語の中盤くらいにこんな場面があったのを覚えているでしょうか？

今は、融資先に経理部長として出向している半沢直樹の同僚が、融資を申し込みに頭を下げにきたのに、「あなた、それでも元銀行員なのか」とにべもなく断られると、感情を抑えるために、目を伏せて手元にあった資料や目に入った数字・暗証番号をかたっぱしから覚え込んでいるシーンがあります。

これなど、まさに「グラウンディング」に他なりません。

自分が昔所属していた会社（銀行）の人間から、虫けらのような扱いをされた屈辱（怒り）を爆発させないために、必死に無意味な数字を追いかけて怒りを鎮めようとしたのです。

怒りの感情が次々に湧き上がってきてしまう、そんな状態に自分が陥ったときには、グラウンディングはとても有効です。

余談ですが、その元同僚は、半沢直樹の言葉で立ち直り、出向先で見事復活します。彼がグラウンディングの効果を知っていたかどうかわかりませんが、融資の申し込みの場で怒りにまかせて、暴言を吐いたり、手をあげていたりしたら、取り返しがつかない事態になっていたでしょう。

グラウンディング・テクニックは、「思い出し怒り」にも応用できます。先ほどの時計を例にすれば、家に帰って今日会社であった不快なことを思い出して、怒りがぶり返してきたとします。

そうした気持ちが感じられたら、腕時計に意識を集中し、文字盤の色、リューズの形、ベルトの傷、刻まれている文字盤の特徴などをじっくり観察してみるのです。意識を腕時計に釘づけにさせることで、怒りの感情を逃がしていくのです。

自分の意識を「いま、ここ」に集中することで、あなたの頭の中で、過去の出来事による思い出し怒りや、未来への報復に意識が飛んでいくのを阻止することができるのが、このテクニックのよさなのです。

習慣
5

タイムアウト

【仕切り直しテクニック】

会議などの場で、自分の意見やアイデアに自信があったりすると、それに異議を唱える上司や同僚、他部署の人の意見に素直に耳を貸すことができず、反論には反論で返してしまい、ますます議論が白熱してしまうことがあります。

議論が建設的なものであるうちは少しくらいの白熱はいいでしょうが、エスカレートしすぎて、非難合戦の様相を呈してしまうと、意地の張り合いになり、あげくには、本来の主旨とは離れたところでけんか腰の言い争いになってしまいかねません。

こうした状況で有効なテクニックが、**「タイムアウト」**です。

バスケットボールの試合で、自分たちが不利な状況に立たされたときにゲームの時間を止めてチームで次の手を探したり、熱くなって血が上った選手の頭を冷やしたりするための「タイムアウト」と同じ考え方です。

アイスホッケーの試合でも、ラフプレーをした選手に5分間の退場といった宣告をする罰があります。「まあ、少し頭を冷やしなさい」ということですが、怒り心頭に発した気持ちをいったん冷ます、湧き上がっている感情を一度途切れさせるのがねらいです。

たとえば、お互い「一歩も譲れない」膠着状態になってしまい、短い時間のタイムアウトで済みそうなら、**「ちょっとトイレに行ってきます」**と言って席を立つのがいいでしょう。その間、呼吸リラクゼーションや、軽いストレッチなどをして心身ともにリラックスさせます。

「お茶でも飲んで少し休憩しませんか」とか「ちょっと蒸しますね。空気の入れ換えでもしますか」と会議室の窓を開けたり、空調の調整をしたりするだけでも気分転換になります。

もう少し長めに時間をとったほうがよさそうな状況であれば、

「申し訳ありませんが、この議論を一時中断してもいいですか？　このまま続けても、私自身、冷静に議論することができそうにありません。**少し頭を冷やしてきたいので、時間をください。**

時間は……そうですね、1時間ほどいただければうれしいのですが、いかがでしょうか。その後、もう一度、この件について話し合わせていただければと思います」

と提案します。

とにかく**怒りを感じた場所から別の場所へ移動する**ことが、タイムアウトのポイントです。体を動かすことで、自分の気持ちをリセットさせるのです。

こうして、我を忘れるほど頭に血が上っていた状態から一歩引き、**エスカレートしそうな怒りの感情を落ち着かせるための時間を稼ぐ**のです。

このテクニックを使うときに重要なのは、一時的にその場を離れることを相手に伝え、さらに**必ず戻ってくることやその時間を穏やかに伝える**ことです。

何も言わずにその場を離れてしまうと、「ふてくされて出て行った」と思われるし、「ここにはいられない」といった言い方では捨てゼリフととられかねないので、相手の怒りの火にさらに油を注いでしまうことになりかねません。

これは仕事に限ったことではありません。

朝、自分も準備で忙しいのに、子どもは食卓の前でボーッとしている。

「早く、朝ごはんを食べなさい」

ようやく、朝食を終えても、パジャマのままでテレビをぼんやり見ている。

「早く着替えなさい。学校に遅れるわよ」

毎日のこととなると、カッとなって怒鳴りたくもなります。

こんなときは、

「着替えを出してくるから、ごはん食べておいてね」

「ママも仕事があるから、出かける支度をしてくるね」

と言って、その場をいったん離れて心を落ち着かせるのです。


夫婦ゲンカをしたときにもタイムアウトは使えます。

事前に、ケンカになって収拾がつかなくなりそうになったら、「○分後に戻る」と宣言してその場を離れてもいい、と決めておくのです。

夫婦ゲンカの大半は、「言った、言わない」「やった、やってない」など、あとで冷静になれば話し合って妥協できるものがほとんどです。しかし、ケンカの最中では、お互い自分から折れたくないというのも人情。

そこで、ケンカになって怒りの感情がマックスになりそうなときは、「○分後にもう一度話し合おう」という約束をします。そうしておけば、冷却期間を設けることができ、「ちょっと言いすぎたかもしれない。ごめんよ」「いいのよ。こっちもちょっときつく言いすぎたわ」といった会話がなされ、比較的早く仲直りもできるのではないでしょうか。

イライラや怒りの感情に反射して怒り出さないために、タイムアウトは有効です。

□タイムアウトの注意点

タイムアウトをお願いする場合、重要なポイントが二つあります。

一つは、**「どのくらいで戻って来るか」**という**期限**を必ず伝えること。

もう一つは、**「冷静でないのは、あくまでも自分」**という**スタンス**をとることです。

「お互いに冷静になりましょう」とか、「あなたにもっと冷静になってもらいたい」という言い方は、相手をますます怒らせてしまいかねません。

タイムアウトのポイント

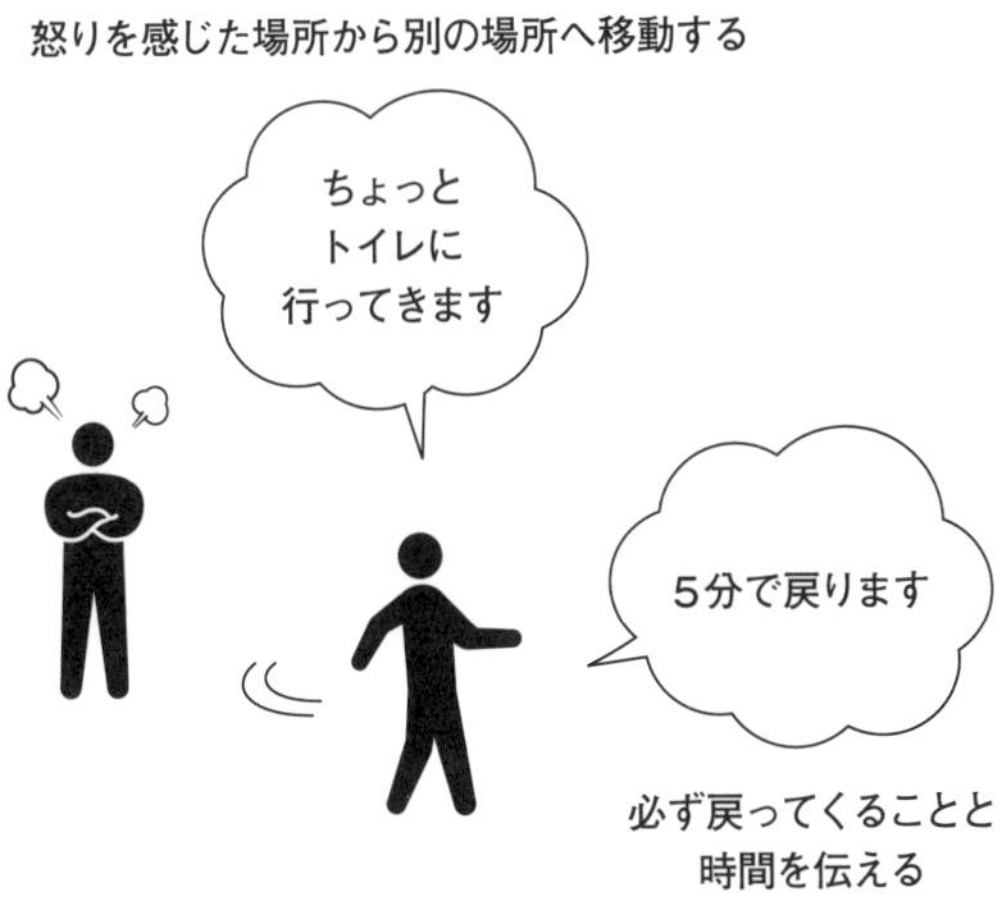
怒りを感じた場所から別の場所へ移動する
ちょっと
トイレに
行ってきます
5分で戻ります
必ず戻ってくることと
時間を伝える

- 体を動かすことで気持ちをリセットする
- 怒りを落ち着かせる時間を稼ぐ

あくまでも、「自分の都合でのお願い」という姿勢で申し出れば、タイムアウト後の話し合いがスムーズに運ぶ可能性が高まります。

ただし、タイムアウトの間に、**やってはいけないこと**が二つあります。

それは**「飲酒」と「車の運転」**です。

アルコールは不快な感情を紛らわせようとするときによく用いられますが、負の感情を強めてしまう傾向があります。タクシーの運転手に暴力をふるう、飲み会や電車内でセクハラや痴漢行為といったトラブルを引き起こしてしまうのは、酒の力が加わったため、ということがけっこう多いのです。

酒にのまれやすい自覚がある人は、タイムアウト中の飲酒は回避したほうが賢明です。

また、ドライブで気持ちを落ち着かせようとするのも考えものです。気分転換のつもりで運転しても、冷静さを失った状態、興奮した状況では、いつもよりスピードを出しすぎたり、細かなところに注意が行き届かなかったりして、人命にかかわるような大惨事を招くことにもなりかねません。

特に運転中に熱くなりやすい人は、タイムアウト中の運転は避けてください。

タイムアウト時に適している行動は、散歩をしたり、お茶を飲んだり、ゆっくり湯船につかったり、軽いストレッチをすることです。

□ネットのコミュニケーションにもタイムアウトが有効

このタイムアウト、今の時代に最も必要とされているのは、ネットにおけるコミュニケーションかもしれません。

ＳＮＳのツイッターやフェイスブック、ブログなどにおけるコミュニケーションは、気軽さゆえに、応対の方法を誤ると、取り返しのつかないことになってしまいます。いわゆる、「炎上」などがそれにあたります。

たとえば、ＳＮＳに書き込みをした本人は、正しい意見を述べたつもりでも、ほかの読み手がすべて同じ意見をもっているとは限りません。当然、反対意見もあるでしょう。そして、反対意見を書き込んだ人に賛同する人たちも存在していて、書き手がケンカ腰で応戦すると、場合によってはヒートアップして、罵り合いから誹謗中傷合戦の様相を呈することさえあります。

怒りは連鎖する、と書きましたが、ＳＮＳなどは、その人の人となりがわからないまま、言葉が一人歩きしてしまうため、一度炎上してしまうと、矛《ほこ》を収めるのが容易ではありません。ネットのコミュニケーションは「情動伝染」しやすいツールでもあるので、他人の怒りを受けて、自分がイライラしてしまい、その怒りをさらに誰かに伝染させてしまう恐れがあります。

ＳＮＳを楽しく便利に使えるときはよいのですが、怒りの感情が情動伝染しているときには近寄らないに限ります。そこで拾ってしまった怒りの感情を、ネット上だけでなく、家族や友人など実生活の人間関係にも伝染させてしまうからです。

怒りを人に伝染させないためにも、書いたものをすぐに送信するのではなく、三回ほど読み返す、または怒りにまかせて反論しそうな気持ちが湧いてきたら、いったんパソコンや携帯電話の電源をオフにする、という判断もときには必要でしょう。読み返すことで自分の文章を客観視できますし、電源をオフにすることで自分の気持ちも一度オフ状態に置き、リセットする時間を与えてくれたりするからです。

怒りにまかせるくらいなら、何度でもタイムアウトをとるくらいの心構えをもつほうがはるかにいいのです。

PART 3

怒りを味方につける！

1 三重丸——べきの境界線

怒りは、自分の価値観と相手の価値観のズレから引き起こされます。価値観をかみ砕いていえば、「〜べきである」とか「〜のはず」となります。

そして、私たちは、それぞれ固有の「べき」「はず」をもっています。

待ち合わせ時間は守る**べき**

目上の人は敬う**べき**

子育ては夫婦協働する**べき**

母親は子どもに手づくりのごはんを提供する**べき**

並んだ順番は守る**べき**

夫は子育てを手伝うのが当たり前の**はず**

子どもは親の言うことを聞く**はず**
上司には部下のほうから挨拶するのが常識（の**はず**）

など、これは自分にはあてはまらない、これはあてはまるという項目があるでしょう。

また、「べき」「はず」にも絶対譲れないものから、「まあ、いいか」と許容できるものまであるでしょう。

問題なのは、自分が考える「べき」「はず」と、相手が考えている「べき」「はず」の間にギャップがあるときです。

このギャップが大きければ大きいほど、私たちは怒りを感じてしまうのです。

さて、突然ですが、次の四つの質問に、あなたならどのように回答しますか。

①あなたは目玉焼きに何をかけて食べますか？
②あなたは天ぷらを何につけて食べますか？
③あなたは上司です。午前9時からの重要な会議に、部下にはどのくらい前から会社（会議室）に来ていてもらいたいですか？
④あなたがSNS（LINE）を使って、メッセージを送ったところ、すぐに既読とつきました。どのくらいで返信してほしいですか？

この答えを考えていく前に、二つのエピソードを紹介したいと思います。

一つは、1992年夏の甲子園大会の出来事です。

星陵高校の3年生で出場した松井秀喜選手（元巨人、ニューヨークヤンキース）は、2回戦で対戦した明徳義塾高校の投手から5打席連続して敬遠されました。5打席目の敬遠の際は観客席からメガホンやペットボトルなどがグラウンドに多数投げ込まれ、球場全体が騒然としたのを覚えている方も多いでしょう。

騒然となった理由は、球場に駆けつけた多くの観客が、「高校生らしく、堂々と勝負しろ！」と思ったためであり、野球のルールに即した行為である敬遠が「悪」のような印象を与えたからです。

後日、ある新聞社がアンケートをとったところ、「甲子園なんだから、正々堂々と勝負すべき」という批判派と、「勝たなければ意味がない。敬遠も立派な作戦」という擁護派とに真っ二つに分かれました。

ちなみに松井選手は、この5打席連続敬遠について、「明徳義塾の監督さん、ピッチャーに感謝しています。あれで僕は全国区になりましたから」と語っていたのが印象的でした。

次は、2014年4月の出来事です。

埼玉で50代の女性教諭が、我が子の高校の入学式に出席するため、担任を務める県立高校の入学式を欠席しました。関係者によると、入学式の担任紹介の中で校長が女性教諭の欠席理由を説明。女性教諭は、「入学式という大切な日に担任としてみなさんに会うことができないことをお詫びします」という文章を事前に作成し、当日、別の教諭が生徒たちに配ったことが明らかになりました。

この問題は、さまざまなメディアやネットで取り上げられ、「教師の職業倫理に反する」「いや、教師にもワークライフバランスを認めて当然」と賛否両論でした。

「担任が『息子の入学式』で欠席することをどう思うか？」との意識調査もネットで行なわれ、35万票近い投票の結果、「問題だと思わない」が48％で、「問題と思う」が44％と擁護派と批判派がほぼ拮抗したそうです。

これらの例からわかるように、**私たちは「強いこだわりや思い込み、固定観念」から物事を偏った見方で判断しがちです**。そして、それが自分の「思った・考えた」とおりでないと、怒りの感情に変化してしまうことが往々にしてあります。

二つの出来事の「強いこだわりや思い込み」を要約すると、松井選手に関していえば、敬遠が高校野球の作戦でありか、なしかの二択となります。高校の女性教諭の場合、勤め先の入学式を優先するか、自分の子どもの入学式をとるかの二択となります。

こうした「強いこだわりや思い込み」が、怒りの感情へと進まないようにするのが、アンガーマネジメントの第2の柱である**「三重丸」（べきの境界線）**という考え方です。

さて、冒頭の四つの質問に戻りたいと思いますが、あなたの回答はどのようなものでしたか？

①の目玉焼きに何をかけるかの答えは、醤油、塩、コショウ、ケチャップ、ソース、マヨネーズ、何もつけない……人それぞれでしょう。

②の天ぷらも、天つゆ、塩、醤油、醤油&大根おろし、何もつけないなど、いろいろあがるでしょう。

③の午前9時からの重要な会議は、30分前、いや1時間前から来て準備しておかなければいけない、といった厳格な答えから、15分前、10分前、5分前、間に合えばいいまで、やはりいろいろあります。上司の機嫌が良かったら、5分ぐらい遅れても平気だ、なんていう答えもあるかもしれません。

最後の質問である、④既読したメッセージへの返信ですが、これはその人の性格が出ます。すぐに返して（即返）ほしいから15分、1時間、半日、1日以内、さらに「既読がついているのだから返信しなくていい」まで考えられます。

さて、**アンガーマネジメント的にいえば**、回答はこうなります。

すべてが「正解」、です。

すべてが正解とは、「少なくても本人にとっては」正解という意味です。

「本人にとって」と書いたのには理由があります。

それがこれから説明する三重丸（べきの境界線）です。

三重丸（べきの境界線）とは、いったい何？　と思った方も多いでしょう。

文字どおり、丸が入れ子のように三つある状態ですが、核となる一重目の丸を**「価値観が同じ」**とします。価値観が同じである人間関係ならば、争いはもちろん、イライラも生じません。たとえば、目玉焼きにあなたも私も醤油をかけるのであれば、何も問題はありません。

また、一番外郭の三重目を**「価値観が違う。許容できない」**とします。これはもうどうしようもありません。目玉焼きには絶対ソースしかかけないと主張する人に、自分はケチャップ派だからといって、ケチャップを勝手にかけたらケンカが起こって当然です。

三重丸＝べきの境界線

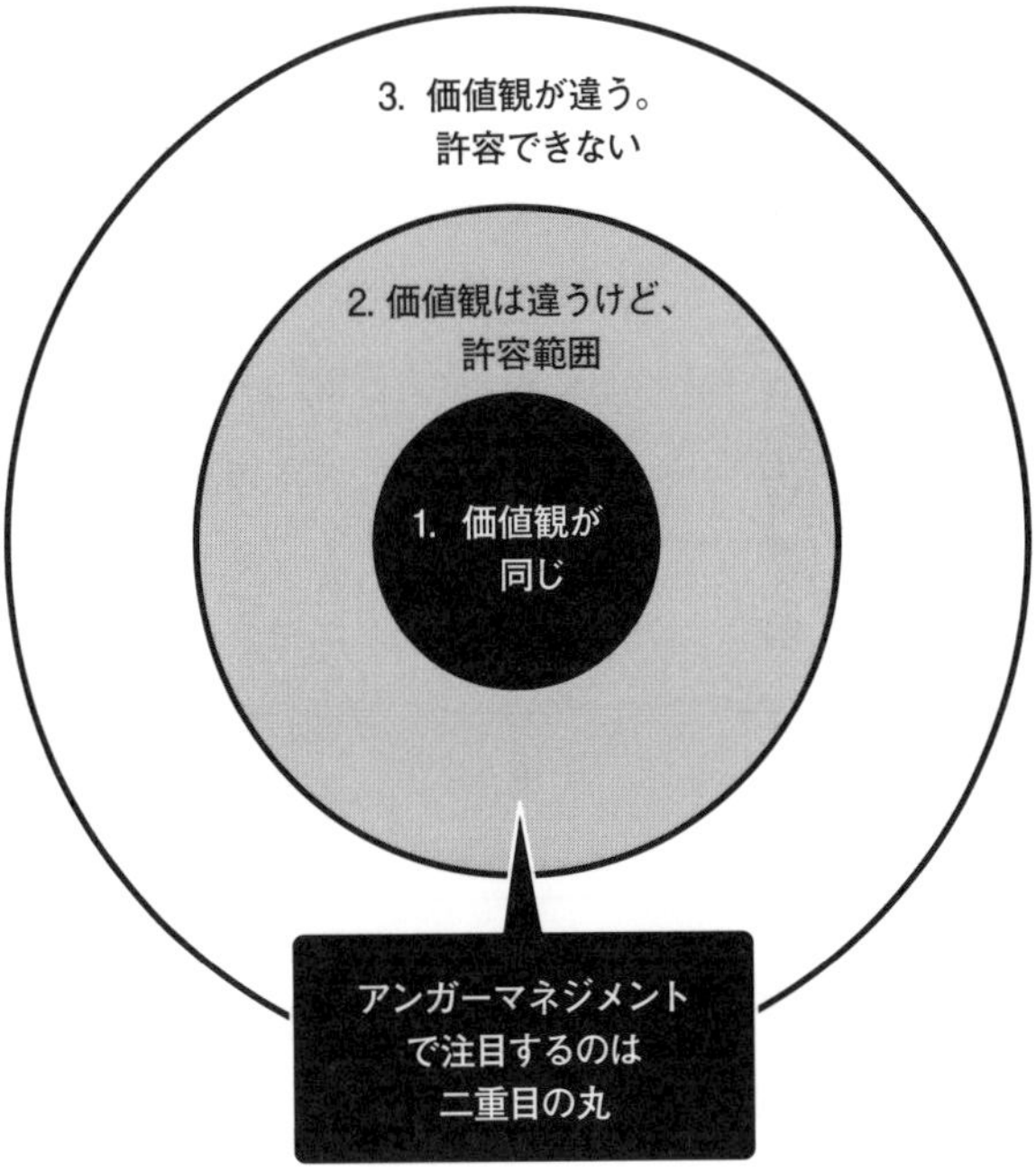
3. 価値観が違う。
許容できない
2. 価値観は違うけど、
許容範囲
1. 価値観が
同じ
アンガーマネジメント
で注目するのは
二重目の丸

これに対して、アンガーマネジメントは、内側でもなく外側でもない、二重目の丸に注目するのです。

この二重目の丸は、**「価値観は違うけど、許容範囲」**というものです。

人は、「価値観が同じ」か「価値観が違う」のどちらかを必ず選ぶわけではありません。じつはその間の考えをとる人たちが一番多いのです。

つまり、「目玉焼きにいつもは醤油をかけているけど、今日は塩をかけて食べてみよう」と思える人です。

こうした考え方を応用して、**「価値観は違うけど、許容範囲」という枠を広げていく**ことで、ムダなイライラやムカつきが軽減されていきますよ、というのが、アンガーマネジメントにおける三重丸（べき境界線）なのです。

たとえば、「待ち合わせの時間は遵守してしかるべき」と思っている人が、待ち合わせに必ず、少しだけ遅れてくる友人に、「遅れるなよ」とストレートに言ったら、

「何だよ、それじゃ、いつも僕が遅れているみたいじゃないか！」と感情を逆撫でしてしまうことにもなりかねません。

しかし、「待ち合わせには5分前に到着してね」と伝えれば、自分と相手の時間に対する違いを認めつつ、イライラの元を事前に摘み取ることができます。

6秒間耐えるのが怒りの衝動を抑えるものだとしたら、**三重丸（べきの境界線）は思考をコントロールするもの**だといえるでしょう。

そのためのテクニック（習慣）をこれからあげていきたいと思います。

習慣
6

アンガーログ

【イラッとメモ】

家族で近所のレストランに食事に出かけたところ、あとから入ってきたお客の頼んだ料理はきているのに、こちらの料理はまだ出てこないことにイライラする人もいれば、並んでいた行列に知人がいたからと、あとからきた人が割り込んできてもあまり気にしない人もいます。

私たちは、日頃、どのようなことに怒りを感じているのか意識しないと、その原因を思い出せないことがけっこうあります。

また、同じ状況にいても、怒りを感じる人と感じない人がいるといったように、**自分が何に対して怒りを感じるのか**、その傾向を意外と理解していないものです。

怒りを含め、感情は目に見えません。目に見えないぶん、コントロールがしにくいので、やっかいでもあります。そのため、無意識にイライラしてしまうことが引き金となって、「怒りの連鎖」を引き起こしてしまいがちです。

こうした状況に陥らないためにも、「なぜ、自分が今、イライラしているのか（いたのか）」を知ることが、怒りを鎮めるポイントになります。

目に見えない感情をコントロールするときに有効な手立てが、**「アンガーログ」**というテクニックです。

「ログ」とは「書く」ということです。アンガーマネジメントでは、実際に手を動かして「書く」ことを大切にしています。

書くことは、自分の思考や感情を**客観的に「可視化＝見える化」する作業**です。「怒り」という目に見えないものを、「書く」ことによって「見える化」すると、コントロールしやすくなります。

たとえば、Jリーガーの中村俊輔選手はマリノスのジュニアユース時代、最初こそ抜きん出た存在でしたが、思うように背が伸びず、レギュラーの座も奪われ、結果、マリノスのユースには上がれませんでした。

はじめて味わう挫折に打ちのめされつつ、桐光学園に入学し、サッカー部に入りました。中村選手は、先生から「試合に勝つために強い気持ちをコントロールする」方法の一つとして勧められたこともあり、このときからサッカーノートをつけるようになりました。もちろん、「あの日に戻りたくない。挫折は二度とイヤだ」という思いからでした。

「悔しいことをバネにして自分で取り組めるかどうか。それができれば人より二歩も三歩も前に行ける」と考えた彼は、ノートに目標、課題、反省、記録だけではなく、孤独や不安、意地、自信といった感情を書き、感情面を徹底的にコントロールするように努めました。また、自己評価を点数で表すときは、実際に思いつく点数よりいつも低くつけるようにし、自分を甘やかさないことにしました。

その結果、ノートに書く目標はほとんど実現したといいます。

中村選手の例は、怒りに対してではなく、挫折に対してのことでしたが、**「見える化」**、つまり**「文字化」**することで、そのとき何に対して怒っていたのかを具体的に記録として残せます。これを継続して行なうことで、自分の怒りの傾向、パターンに「文字にしたからこそ気づくこと」ができるのです。

たとえば、

- 車を運転しているとき、車線変更の合図なしに強引に割り込んでくる運転手に腹が立つ
- 満員電車を降りるとき、まだ降りきらないうちに乗り込んできた人と肩がぶつかったのにその人から一言もないのでカッときた
- 子どもに「ごはんができたよ」と声をかけても、ゲームに興じて返事もしないことにイラつく
- 彼とデートの約束をしていたのに、待ち合わせ時間ギリギリになって、LINEで「今日は仕事が忙しいので」の一言でドタキャンされて、ケンカになった

など、怒りのポイントは人それぞれです。

そこで、アンガーログでは、**「イラッとしたこと」「腹立たしかったこと」を**（**できれば**）**その場でメモする作業**を勧めています。

頭で考えるだけではなく、手も動かしてもらうのです。

その場の分析や振り返りなどは必要ありません。ただ直感的に書くだけでけっこう

です。とにかく、自分の感情を「見える化」することが先決です。継続のモチベーションを高めるために、「アンガーログ用」の手帳（ノート）を一冊用意しておくといいでしょう。

アンガーログに記す内容は次のとおりです。ただし、すべての項目を記入する必要はありません。

①怒った日時・場所
②怒った相手
③怒りを感じた出来事
④そのとき思ったこと
⑤そのとき自分がとった行動
⑥相手に期待していたこと
⑦結果
⑧その怒り（怒りの強さ）は10点満点で何点か（習慣7スケールテクニックで説明）

まずは1週間続けてみてください。

すると、

「家族に食べ方を指摘されるとイラッとする」

「会社の同僚に書類の書き方が汚いと言われるとムカッとする」

「彼女にお金に対してルーズだ、とけなされて頭にきた」

といったように、**「自分の怒りのクセ（傾向やパターン）」**が見えてくるはずです。

それがこのテクニックの重要なところです。

□怒りのパターン

アンガーログをつけていくと、自分の怒りは「パターン化」していることが多いのに気づかされます。

怒りは、アンガーマネジメントの第一人者である安藤俊介氏によると、

①「公明正大」タイプ　正しさや自分の信念を大切にし、目標に突き進む人

②「博学多才」タイプ　向上心が強く、物事をきちんとやり遂げる人

③「威風堂々」タイプ　自分に自信があり、リーダー的存在として周囲を引っ張る人
④「外柔内剛」タイプ　穏やかそうに見えて、確固たる強い芯をもっている人
⑤「用心堅固」タイプ　じっくり考えることを好み、冷静に物事を進行する人
⑥「天真爛漫」タイプ　好奇心旺盛で、自分の思いや主張を素直に表現する人

と大きく六つのパターンに分類されます。

つまり、アンガーログをつける主な目的は、「あー、自分はこういうことで怒る人間なのだ」と、怒りのクセに気づき、「自分の怒りのクセ（傾向やパターン）」を客観視できるようになることです。

ログをつける習慣が定着してくると、つけようとした瞬間、**「あれ、また同じパターンで怒っちゃったよ。悪いクセだ」**と、書く前に反省する効果も期待できるようになります。

そして、最終的には、「そんなことに怒っているなんてバカバカしい」と思えるようになればしめたものです。

アンガーログは、なるべく怒りの感情が湧いたその場で書いてもらうのがベストです。まず、**書くことでクールダウン**ができます。そして、書くことで自分を客観的に見ることができます。つまり、書くことで怒りを「見える化」し、コントロール（マネジメント）しやすくなるのです。

ただし、仕事中などですぐに書けない場合があります。その場合は、改めて時間のあるときに書くことになりますが、就寝前だけは避けてください。

なぜなら、「怒り」は最も強い感情だと述べたように、就寝前に怒りを思い出すことによって、睡眠に影響が出かねないからです。「思い出し怒り」による睡眠不足は、翌日のイライラにつながってしまいます。

怒りを「見える化」するのがアンガーログですが、その他の感情も「見える化」しておくといいでしょう。自分が何に喜び、何にストレスを感じるのかなど、ログにすることでその傾向がつかめれば、仕事や人間関係において、無用な軋轢を生むことはなくなるはずです。

では、いくつか代表的なログを紹介しておきましょう。

□ハッピーログ（うれしいことメモ、幸せ日記）

アンガーログを書き続けることで、自分の怒りに向き合うことをつらく感じた人が、怒りとは反面の感情であるうれしい、楽しいと感じたことを書いて「見える化」するテクニックです。

日々の生活には、腹の立つことばかりではなく、小さな喜びや楽しみがいくつもあります。それを「見える化」するのです。小さな幸せに目が向くようになると、気持ちも安定して、自然に前向きになれるでしょう。

そうなると、「へぇ、意外といいこともあるもんだな」と身の周りにある小さな幸せに目がいくようになります。

例を紹介しましょう。

- 上司から褒められた
- 部下に助けてもらった
- 妻からやさしい言葉をかけられた
- 帰宅したら夫が夕ごはんをつくってくれていた

・夫からプレゼントをもらった
・子どもに尊敬された
・子どもがはじめて歩いた
試しに、「帰宅したら夫が夕ごはんをつくってくれていた」で、ハッピーログをつくってみましょう。

①ハッピーになった日時・場所　2016年11月8日　自宅
②相手　夫
③ハッピーを感じた出来事　夫が夕ごはんをつくってくれていた
④そのとき思ったこと　最近忙しかったので夫の気遣いがうれしかった
⑤そのとき自分がとった行動　うれしすぎて思わず抱きついた
⑥相手に期待していたこと　特になし
⑦結果　夫への感謝の気持ちがさらに強くなった
⑧そのうれしさは10点満点で何点か　7点

この例のように、どんなに些細なことでもかまわないので、うれしかったこと、楽しかったことなどをメモ帳等に書き込むのです。スマートフォンのメモ帳でもいいですし、画像として残しておいてもいいでしょう。自分が無理なくできる方法を探してください。そして、アンガーログ同様、喜びについても10点満点で数値化してみましょう。

ただし、気分が沈んでいるときは、楽しいことさえ考えるのもつらいので、無理をしてまで書く必要はありません。そういうときには、何も考えずにゆっくり休むことが大事です。

□サクセスログ（成功体験メモ、達成メモ）

仕事の失敗や、人間関係で悩んでいるなど、精神的に不安定な状態でいると、それだけで焦燥感を覚え、その焦りがイライラにつながりやすいので、心配事が多いときなどは、**「できたこと」**を**積極的に書き出し**てみることをお勧めします。

メリットは、どんな些細なことであっても、うまくいったこと、改善したことなどを書き続けていくことで、自己を肯定し、自信をもつことができることです。

たとえば、

- 引っ込み思案な自分から苦手な上司に挨拶ができた
- 地道な活動を見てもらえていた
- 早起きして会社に一番乗りできた
- 営業目標を達成できた
- 3キロのダイエットに成功した
- 毎日、子どものお弁当づくりをこなしている
- はじめて自転車に乗れた
- 資格試験に合格した
- 絵が入選した
- 運動会の徒競走で1位になった

など、他人にとってはどうでもいいことでも、自分にとって意義があれば積極的に書き出し、プラス思考で自分を褒めて鼓舞するのです。

試しに、「苦手な上司に挨拶ができた」でサクセスログをつくってみます。

①**日時・場所**　２０１６年11月18日　会社
②**相手**　苦手な上司
③**出来事**　引っ込み思案の自分から挨拶した
④**そのとき思ったこと**　やったあ、引っ込み思案の自分でも挨拶できた
⑤**自分がとった行動**　自分のほうから挨拶した
⑥**相手に期待していたこと**　挨拶を返してくれたらいいなあ
⑦**結果**　「最近、がんばっているようじゃないか」と、意外にも褒め言葉をもらった
⑧**サクセス度は10点満点で何点**　８点

この例のように、他人からすれば小さな成功体験かもしれませんが、それを積み重ねることで、折れにくい心をつくることにつながるでしょう。

□変化ログ（変化メモ）

「人見知りを直したい」「もっとポジティブになりたい」「料理がうまくなりたい」「部屋をもっときれいに片づけたい」「お酒の量を減らしたい」「外国語をマスターしたい」など、**変わりたい自分をイメージ**し、変化するために必要となる具体的なステップを書き出すのが「変化ログ」です。

書くことで、自分の目標を明確にして現実的な行動を起こしやすくするとともに、普段から「変わりたい」「変わらなきゃ」と思いつつも、実際に行動が移せなかった人の行動指針になる利点があります。

小さな変化でも「見える化」することで、少しずつ変わってきているという達成感が自信につながり、さらに自分で起こせる変化は、じつは身の周りにたくさんあることに気がつきはじめます。

やり方としては、左右対称の表をつくり、左側に遂げたい変化を書き、右側には成し遂げるために具体的に必要なステップを書いていきます。

「変化ログ」で行動を変えていく

遂げたい変化	具体的に必要なステップ
・3キロのダイエット	・食事制限と毎朝の散歩
・資格取得	・勉強会に通う
・テニスの上達	・トレーニングの強化と試合のビデオ研究

小さな変化を「見える化」する
自分で起こせる変化はたくさんあると気づく

ベストセラーにもなった『嫌われる勇気』（ダイヤモンド社）の中にも、「ライフスタイルを変えようとするとき、変わることで生まれてくる『不安』と、変わらないことでつきまとう『不満』により、人は大きな『勇気』を試されます」とあります。

いつまでも変わらずにいると、不満は募るばかりです。ほんの少しの勇気があれば、変わることで生まれる不安を抑えることができるのです。

ここで注意してほしいのは、**いきなり大きな目標を立てない**ことです。大きな目標は達成感も大きいのですが、達成できなかった（失敗した）ときのダメージも同じほどあります。できれば、小さなステップを積み重ねて、徐々に心を強くしていくのがいいでしょう。

□ストレスログ（ストレスメモ）

怒りの元となり得る自分の「ストレス」を書き出し、そのストレスが自分にとって「重要であるか否か」、重要であるならば、自ら「コントロールできるか否か」を仕分けるのが、ストレスログです。

ログにして「見える化」することで、自分のストレスを客観視でき、コントロール可能なストレス解消法に集中できる利点があります。

やり方は、**抱えているストレスに優先順位**をつけます。

優先順位をつけることによって、自分が今、解消しなければならないストレスが一目でわかるようになり、「ストレスを抱えている自分がストレス」といったような漠然とした状態から脱することができます。

ストレスの優先順位は、以下のように分けて考えるとよいでしょう。

①「重要かつコントロール可能」なストレスは積極的に解消する
②「重要ではないがコントロール可能」であれば、余裕時にゆっくり解消
③「重要だが自分の力でコントロールできない」タイプのストレスは、深く考えず、事実を粛々と受け入れるようにする
④「重要でなく、コントロールも不可」ならば無視していい

ストレスには優先順位がある

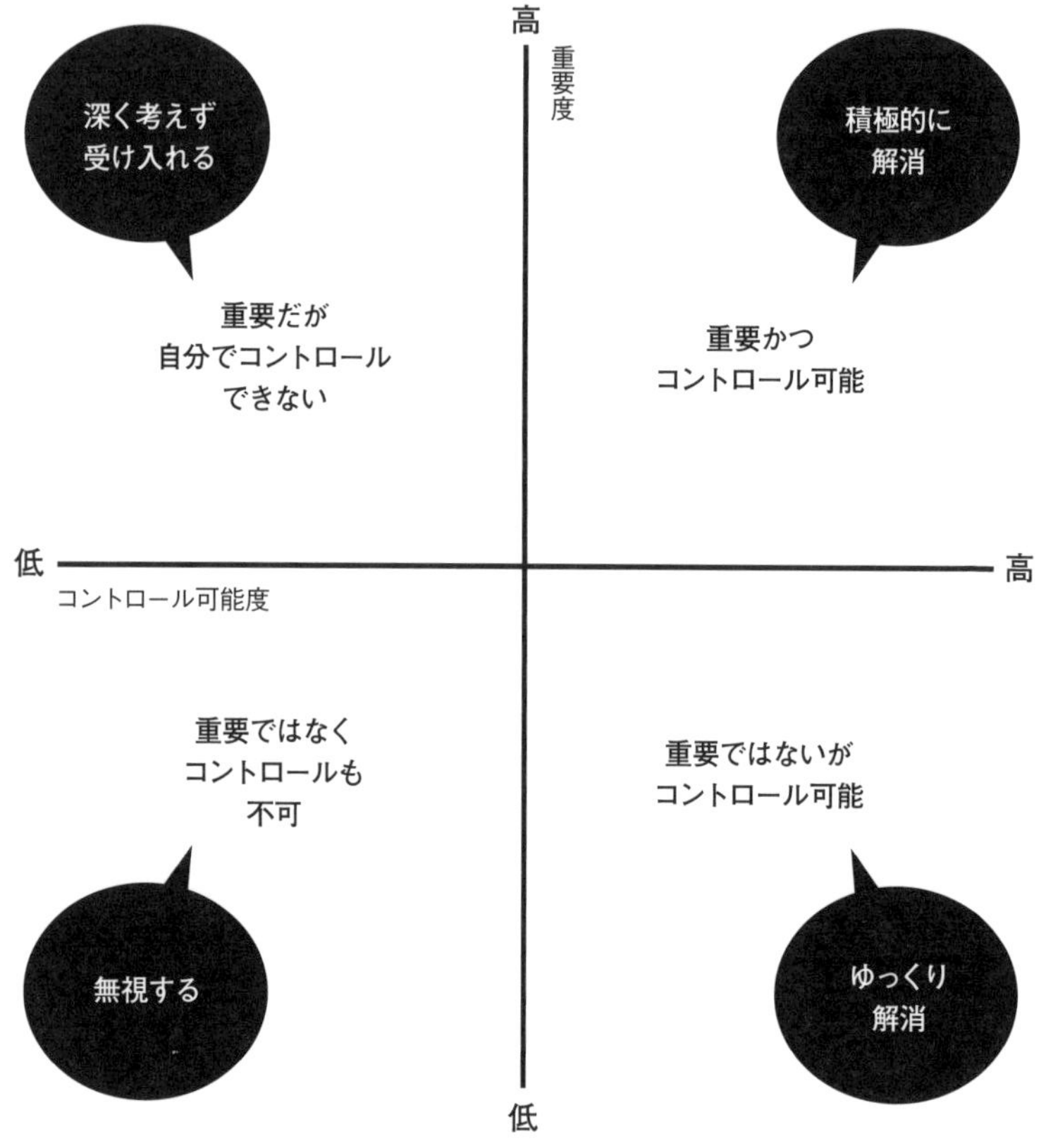

□不安ログ（不安メモ）

ハーバード大学の心理学者であったダニエル・ウェグナー氏が中心になって行なった有名な実験に、**「シロクマ実験（皮肉過程理論）」**があります。

この実験は、被験者を三つのグループに分けて、それぞれシロクマの1日を記録した映像を見てもらい、その後三つの違ったお願いをした結果のことです。

そのお願いは、

最初のグループ　**シロクマのことを覚えておいてください**

二番目のグループ　**シロクマのことは考えても考えなくてもいいです**

最後のグループ　**シロクマのことだけは絶対に考えないでください**

でした。

その後、期間を置いて、映像のことについて尋ねてみると、シロクマの映像について**最も覚えていたのは、「絶対に考えないでください」とお願いをした最後のグループだったのです。**

「考えないで」ということを考えていないかどうか確認するために、かえって「考えてしまう」という皮肉な結果になるので、「皮肉過程理論」とも呼ばれたのです。

同様に、私たちは、**不安から逃れよう、避けようとすればするほど、不安なことばかりを考えてしまい、余計不安に陥ってしまう**ことが往々にしてあります。

そうした余計な不安を抱かないために、ストレスログと同じように、怒りの元となり得る自分の「不安」を書き出し、その不安が自分にとって「重要であるか否か」、重要であるならば、自ら「コントロールできるか否か」で仕分けます。

不安ログもほかのログと同じように書き出すことで、自分の不安を客観視でき、自分の力でコントロール可能な不安解消策に集中できます。

やり方は、ストレスログと同様、抱えている不安に優先順位をつけます。すると、自分が今解消しなければならない不安が一目でわかるようになり、「不安を抱えている自分が不安」といったような漠然とした状態から脱することができるでしょう。

①「重要かつコントロール可能」な不安は積極的に解消する
②「重要でないがコントロール可能」であれば、余裕時にゆっくり解消する
③「重要だが自分の力ではコントロールできない」タイプの不安は、深く考えず、事実を粛々と受け入れるようにする
④「重要でなく、コントロールも不可」ならば放っておく

という考え方で取り組むとよいでしょう。

□べきログ（べきメモ）

突然ですが、次の項目であなたも同意するものをチェックしてください。

- 社会人は身なりをきちんとすべき
- 子どもは夜九時には寝るべき
- 部下は上司より遅く帰るべき

・朝食は家族揃って食べるべき
・会社にかかってくる電話にはコール三回以内に出るべき
・既読スルーはすべきでない
・ぶつかったら謝るべき
・週末は夫婦で過ごすべき
・洗濯は毎日すべき
・女性は子どもを産むべき
・食事中はテレビを消すべき
・仕事は効率を重視すべき
・結婚するなら男性は年収が〇〇〇万円あるべき

あなたが考える同じ「べき」はいくつありましたか？

あなたがもっている「べき」が自分の価値観です。この「べき」に反するものを、他人（相手）がもっていると、対立することにもなります。

そこで、自分がよく使う「○○であるべき」を書き出し、**自分の「譲れない価値観」を客観視する**ことで、自分の怒りの元となり得る状況を把握するのが「べきログ」です。

このログでは、自分が思っている「〜すべき」「〜でなければならない」を「見える化」することができ、自分の譲れない価値観が、**独善的な「自分だけのルール」にすぎないかもしれない**と考え直すきっかけになります。

できれば、家族や周囲の人にも「べきログ」を書いてもらい、「他人の譲れない価値観」を知り、自分の価値観とのギャップを把握して、今後の対応策を検討する際の一助にしてください。

やり方は、公私の場面を問わず、先ほどのようにランダムに50個ぐらい書き出すだけです。これを、アンガーログに書いた内容と比較すれば、より深い内省が可能になるでしょう。

「べきログ」で自分の価値観を見つめる

- □ 社会人は身なりをきちんとすべき
- □ 子どもは夜9時には寝るべき
- □ 部下は上司より遅く帰るべき
- □ 朝食は家族揃って食べるべき
- □ 会社にかかってくる電話にはコール3回以内に出るべき
- □ 既読スルーはすべきでない
- □ ぶつかったら謝るべき
- □ 週末は夫婦で過ごすべき
- □ 洗濯は毎日すべき
- □ 女性は子どもを産むべき
- □ 食事中はテレビを消すべき
- □ 仕事は効率を重視すべき
- □ 結婚するなら男性は年収が○○○万円あるべき

自分の譲れない価値観が「自分だけのルール」かチェックする

□3コラムテクニック（三段階法）

アンガーマネジメントの一つに、アメリカの臨床心理学者のアルバート・エリスが提唱したＡＢＣ理論をベースにした「3コラムテクニック」というものがあります。

ＡＢＣ理論とは、そのときに起きた出来事（Activating event）に、そのときに思ったこと・考えたこと（Belief）が、その結果（Consequence）に大きく影響するという考え方です。

アンガーマネジメントでは、二番目の**ビリーフ**に注目します。ビリーフとは日本語にすると、信念、固定観念といわれるもので、出来事をどう受け止めるのかにかかわってくる、私たち一人ひとりの「価値観」といってもいいでしょう。

先ほどの「べき」も価値観ですが、「ビリーフ」は「コアビリーフ」とも呼ばれ、いわば、**「自分の考え方の辞書」**といった意味合いがあります。

そして、「3コラムテクニック」では、自分の譲れない価値観を書き出して第三者的に見ることで、自分の怒りの原因となる譲れない価値観に「ゆがみ」があるか否かを分析し、ゆがみがあれば矯正（書き換える）することで、自分の心の許容度の狭さに気づかせます。

「ゆがみ」とは、「正しい」「間違っている」という考え方ではなく、**「現実に即していない」**という意味です。

コアビリーフの「ゆがみ」は、次の六つがあるといわれています。

①ビリーフチャンプルー……「権利」「欲求」「義務」などをごっちゃに考えてしまうこと

②自分ルール……「自分の常識はみんなの常識」といったように、自分の考え方がすべてに共通するルールかのように思うこと

③Yes We Can（なせばなる）……「強く言えば、何とかなる」「相手に圧力をかけたら、相手は変わる」と思い込んでいること

④正義の味方……本来ならそんな権利などないのに、「人を裁こうとする」というようなこと

⑤コイントス（二元論）……物事を乱暴に二つに分けてとらえること

⑥悲劇の主人公……オーバーな表現で自分の感情を強めること

さて、この3コラムテクニックのやり方は、怒った出来事を三つの段階別に確認し、三段階目で譲れない価値観を書き換えます。

たとえば、

①部下の派手な色のスーツに腹が立った（**怒った事実**）

⬇

②会社員は地味な格好をすべきだ（**自分の譲れない価値観**）

⬇

③当社にはドレスコードがないので仕方がない（**譲れない価値観の書き換え**）

この3コラムテクニックをフォーマット化すると、次ページの図のようになります。

①はじめに思ったこと

その出来事が起き、イライラしたときに、真っ先に思った感情を書いてください。心にそった素直な思いで書くことが重要で、上手に書こうと思ってはいけません。

「3コラムテクニック」でゆがみを分析する

1 はじめに思ったこと

「スーツの色が派手すぎる」

2 コアビリーフのゆがみ

「会社員は地味な格好をすべきだ」

3 リフレーム（書き換える）

会社にはドレスコードがない
スーツの色は仕方がない

②コアビリーフ（認識をする基準になる考え方や価値観）のゆがみ

次に、そのイライラする原因となったコアビリーフを書いてください。

①の「はじめに思ったこと」から導き出されるあなた自身のコアビリーフです。正しいか、間違っているかは考えないでください。

③リフレーム（書き換える）

自分のコアビリーフをどのように書き換えれば、自分にとっても、相手にとっても、周りの人にとってもハッピーなものになるでしょうか。

最後にそれを考えて書いてください。

コアビリーフとは、自分の中にある価値観＝べき論のことです。

たとえば、

・やるなら一番しか意味がない、三番なんか価値がない
・私はこんなに思っているのだから、あなたに届くはず
・やられたら、倍返しだ
・勝つか負けるか、どちらかしかない

・これが失敗したら、絶望的だ

といった言葉で表されるように、**論理的でない思考や柔軟性に欠ける考え方、いい結果をもたらさないゆがんだ価値観**のことです。

たとえば、タクシーに乗ったときを例にして、3コラムテクニックで考えてみましょう。

①イライラした出来事の感情を書く

行き先を告げたのに、無言で発車して、しかも道を間違えたことにイラッとした。

②コアビリーフのゆがみ

タクシーはサービス業なんだから、お客の言ったことには返事をするべき。また、お客を指定の行き先まで届けるのが運転手の務めであるはず。それで料金をいただいているのだから。道がわからないなら、正直に聞くべき。

③どのようにリフレームしたらよいのか

運転手になってまだ日が浅く、余裕がなかったのかもしれない。

知らない行き先を告げられたので、どのように行ったらいいのか考えることでせいいっぱいだったのかもしれない。道を間違えそうになったら、自分から道を教えてあげればよかったかも。

こうすれば、イライラした感情をタクシーの運転手に直接ぶつけることもなく、不必要なトラブルを未然に防ぐことができるかもしれません。

怒りの感情に翻弄されて無理矢理白黒つけようとすると考え方にゆがみが生じます。こうした過ちをしてしまったあとは、３コラムテクニックで自分のコアビリーフのゆがみを確認しておくといいでしょう。

ただ、３コラムテクニックは、ほかのログテクニックと同様、即効性があるとはいいがたく、継続的な取り組みが必要です。

コラム

怒りのボキャブラリー

怒りのボキャブラリーが少ないと、自分のイライラや怒りの感情を正確に表現することができません。

言葉で表現できないと、どうしても態度で判断され、なかなか相手に自分の気持ちを上手に伝えられなくなります。

また、怒りのボキャブラリーが少ないと、怒っているか、怒っていないかのどちらかしかなくなってしまいます。すると、必要以上に怒ってしまいがちです。

怒りの感情は幅広いものなので、ボキャブラリーを増やすと、自分がどの程度の怒りを感じているのか、今どんな状況にあるのかを客観視することにもなり、感情のコントロールがしやすくなります。

次に掲げた言葉を参考にして、ボキャブラリーをできるだけ増やして、自分の感情を事細かく把握できるようにしましょう。

怒りを表す熟語

激怒（げきど）、憤怒（ふんど）、激昂（げきこう）、激高（げきこう）、癇癪（かんしゃく）、立腹（りっぷく）、怒気（どき）、憤慨（ふんがい）、慷慨（こうがい）、憤懣（ふんまん）、怨念（おんねん）、反感（はんかん）、痛憤（つうふん）、公憤（こうふん）、義憤（ぎふん）、鬱憤（うっぷん）、怨嗟（えんさ）、怨恨（えんこん）、瞋恚（しんい／しんに）、悲憤（ひふん）等

怒りを表す言動

ふくれる、むくれる、むっとする、つむじを曲げる、ヘソを曲げる、ツノを出す、オカンムリ、不機嫌になる、かっとなる、気を悪くする、反発する、不信感を募らせる、気色ばむ、声をとがらせる、いまいましい、目に角が立つ、怒りが込み上げる、気に障る、カリカリする、憎たらしい、むしゃくしゃする、鬱憤が溜まる、呆れる、うざい、ご機嫌ななめ、ぷっつん、腹を立てる、立腹する、憤る、憤慨する、色をなす、顔色を変える、怒り出す、激する、胸糞が悪い、息巻く、癇を立てる、目くじらを立てる、

目を三角にする、目を吊り上げる、業を煮やす、神経を逆撫でされる、地団駄を踏む、歯ぎしりする、腹にすえかねる、語気を荒げる、吐き捨てるように言う、ガミガミ言う、怒鳴る、声を荒げる、にらみつける、ぶりぶりする、(頭から)湯気を立てる、青筋立てて怒る、怒り心頭に発する、腹の虫が収まらない、虫唾が走る、逆鱗に触れる、怒髪天をつく、猛り立つ、猛り狂う、逆上する、殺気立つ、怒気をみなぎらせる、憤怒の形相、激しく反発する、憤然として(席を立つ)、顔面が朱に染まる、怒声を張り上げる、噛みつく、怒気を含んだ声で、がなり立てる、怒りをぶちまける、血管が怒りでふくれあがる、怒りを爆発させる、怒り狂う、烈火のごとく、阿修羅のごとく、怒りが火の玉となる、堪忍袋の緒を切らす、腹わたが煮えくり返る、わなわなと震える　等

習慣
7

スケールテクニック

【怒りのものさし】

怒りには、「重さ」「長さ」のようにサイズを測る「単位」や「尺度」がないため、どのくらい怒っているのか気づきにくいものです。

そこで、気温でいえば「今日は25度だから上着はいらないだろう」といった具合に、できれば、今の自分の怒りの「レベル（段階）」が認識できるので、レベルに応じた対処法を考えることが可能になるはずです。それが「スケールテクニック」です。

「怒りの状態を数値化」

自分の怒りに尺度をつけてレベル分けすることで、怒りをコントロールしやすくなります。つまり、怒りが幅広い感情であると理解し、怒りの強度幅を段階的に把握できれば、怒りを客観視することが可能になるわけです。

10点満点で、心が穏やかな状態を0点、人生最大級の制御不能な怒りを10点とし、怒りを感じるたびに点数をつけていきます。点数は「だいたい3点ぐらいかな」とあくまでも自分なりの基準で主観的に決めてかまいませんが、ある程度は標準化をしたほうが、あとで客観的に振り返られるため、点数ごとの状態を事前に決めておくといいでしょう。慣れてくるに従って、怒りの程度が自分の中で均一化されていきます。

その際に、先ほどの「怒りのボキャブラリー」を参考にしてください。語いが豊富になればなるほど、自分の中で序列化することができるようになるはずです。

では、数値化の例を一つあげておきましょう。

1点「ちょっとちょっと」（胸がモヤッとして少しだけ気持ち悪い）
2点「それはないんじゃないの」（少しだけ顔が熱くなる）
3点「イライラする」（不愉快、指で机をトントンと叩いてしまう）
4点「はあ？」（眉毛が吊り上げる）
5点「ムカつく」（憤慨、胸のムカムカが止まらない）
6点「なんだコイツ」（鼻息が荒くなってくる）
7点「いい加減にしてくれ！」（懸命に歯をくいしばる）
8点「おいッ！」（思わず声を荒げる）
9点「この野郎！」（拳を握る、つかみかかりそうになる）
10点「人生最大の怒り」（自分では制御不能）

□怒りの点数に応じた対処法

点数の目安をある程度つけられるようになったら、次に対処法を考えておきます。

たとえば、

「1〜3点だったら、カウントバック（数を数える）や呼吸リラクゼーションを使おう」

「5点以上だったらタイムアウトを使って頭を冷やそう」

といったように、自分なりの対処法を決めておけば、習慣化しやすく、怒りの感情を思っている以上に小さくすることができます。

以前、電車の駅のホームから男性が突き落とされた事件がありましたが、そのキッカケは「肩があたったことを注意された」からだそうです。そんな些細なことで、制御不能な「10点」の怒りをぶつけていたら、周囲の人はたまったものではありませんし、同時にその人自身も大きなものを失いかねません。

すぐに忘れられるくらいの怒りなら「1点」とし、カウントバック、呼吸リラクザーション、ストップシンキングなど適当な対処法を使って、「心のコップ」から水を抜いたほうが得策です。

また、このスケールテクニックをアンガーログと一緒に行なうことで、より効果が発揮されます。アンガーログで、「怒った日時・場所」「怒った相手」「怒りを感じた出来事」「そのとき思ったこと」「そのとき、自分がとった行動」「相手に期待していたこと」などのあとに、「その怒りは10点満点で何点か？」を書き加えるのです。

こうして見えない怒りを具体的な数値として「見える化」すれば、自分がどの程度の怒りをもっているのか一目瞭然となり、同じような出来事でも、体調などほかの要素によって、怒りの点数に幅ができることがわかります。

自分がどんな状況や事柄に、どれくらいの強度で怒りを覚えるのかが把握できれば、「こんなときには、より怒りやすい傾向にあるので気をつけなきゃ」と、心の準備をすることができます。それによって、怒りをコントロールし、ムダなトラブルを回避しやすくなるでしょう。

スケールテクニックで使う怒りの数値

1点	胸がモヤッとして少しだけ気持ち悪い	カウントバック
2点	少しだけ顔が熱くなる	呼吸リラクゼーション
3点	不愉快、指で机をトントンと叩いてしまう	ストップシンキング
4点	眉毛が吊り上げる	
5点	憤慨、胸のムカムカが止まらない	タイムアウト
6点	鼻息が荒くなってくる	
7点	懸命に歯をくいしばる	
8点	思わず声を荒げる	
9点	拳を握る、つかみかかりそうになる	
10点	自分では制御不能	

習慣
8

ブレイクパターン

【パターン壊し】

私たちは、ビジネスマンなら、朝起きてから家を出るまでだいたい毎日同じような行動をくり返しています。

たとえば、朝起きたらトイレに行って、コーヒーを飲みながら新聞を読み、食事を済ませ、歯磨き・洗顔をし、着替えて出社の準備をする……といったように、人それぞれのパターン（流れ）があります。

これは、ワールドカップラグビーで活躍した五郎丸選手の独特な動作で有名になった**「ルーティン」**とも呼ばれるものですが、メジャーリーガーのイチロー選手も、サッカー日本代表の本田圭佑選手も、自分なりのルーティンをもっています。

ルーティンが、生活や仕事にプラスに働けばいいのですが、悪くいえばワンパターン、つまり、ただのマンネリになってしまうと、続けていることだけにしか意義が見出せなくなります。

たとえば、日常生活において、「朝、飲むコーヒーが切れていた」「いつもの電車に乗れなかった」「毎朝買っているパンが売り切れだった」「普段は空いている道が今日に限って渋滞している」といったことで、イライラしたりすることになります。

たしかに人は、新しい環境に置かれたり、未知の変化が訪れたりすることに耐性が弱い生き物です。何かの拍子でいつものパターンが崩されると強い不安やストレスを感じます。ひどくなると、体に変調をきたすことさえありますが、こうした自分では解決できないことでイライラしても、状況は一向に変わりません。変わらないものに怒りを覚えても、それは時間のムダ以外の何ものでもありません。

習慣6のアンガーログに怒りを記録することで、自分がどんなことに怒りを覚えるのか、どんなときにイライラするのかといったことが、けっこうパターン化していることに気づいたはずです。

こうしたパターン化した行動・感情を、自ら壊せるようになると、**自分が陥っている悪循環を断ち切る**ことができます。

それが、「ブレイクパターン」（パターン壊し）です。

ブレイクパターンとは、**自分の力では如何ともしがたい不測の事態に対応する能力を強化するテクニック**です。

不測の事態に遭遇しても、自分の怒りのパターンに陥り、ムダなエネルギーを消費せずに、その場をやり過ごせるようになるには、この「ブレイクパターン」によるトレーニングが有効です。このトレーニングを重ねれば重ねるほど、パターン化という負のサイクルに陥らない柔軟性や洞察力が身についてくるからです。

やり方は簡単です。

普段の生活の中で、

「Do One Thing Different」（いつもと違うことを一つだけする）がポイントです。

たとえば、次のようなことです。

- 朝はいつもコーヒーだけどフレッシュジュースを飲んでみる
- いつもと違う歯磨き粉を使ってみる
- いつもと違う道順で最寄り駅へ行ってみる
- いつもと違う改札口から出てみる
- いつも苦手と感じる人に積極的に挨拶をしてみる
- LINEを1日やめてみる

「ブレイクパターン」でストレスを感じなくする

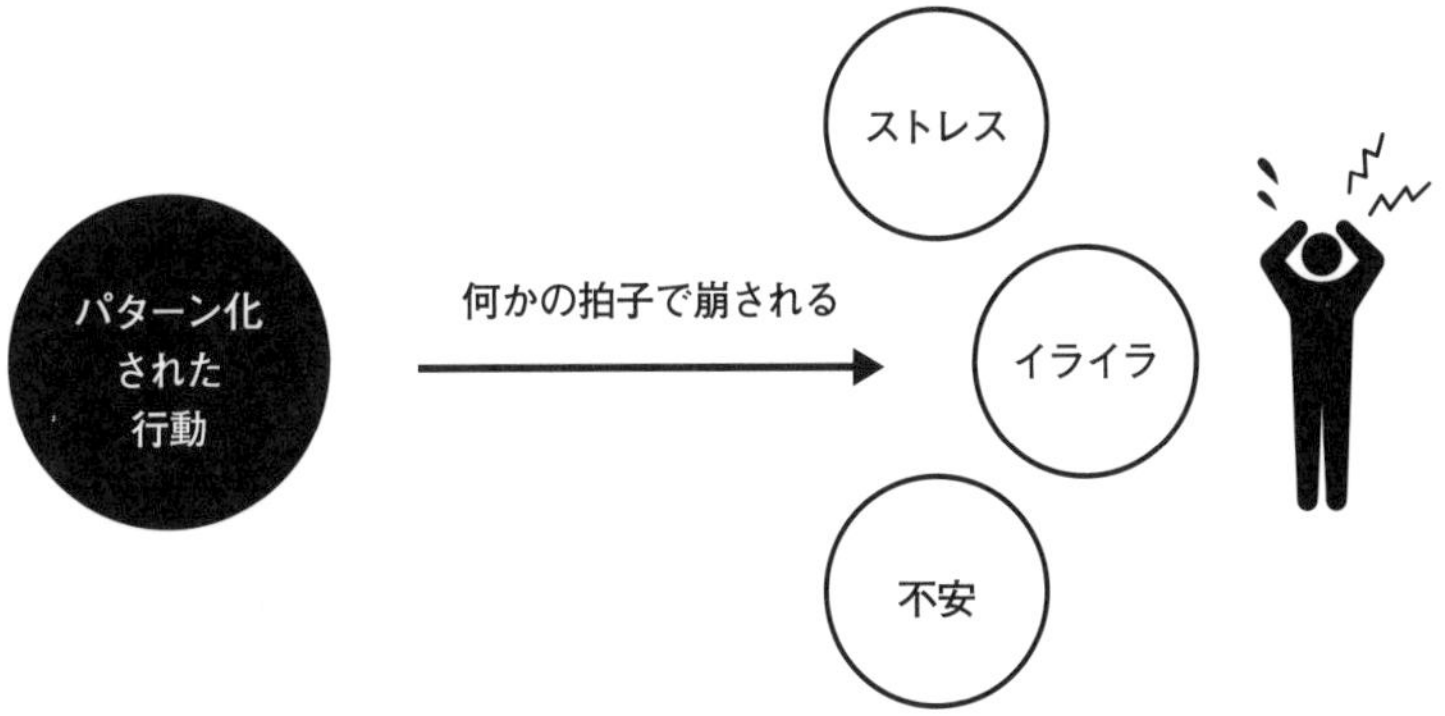

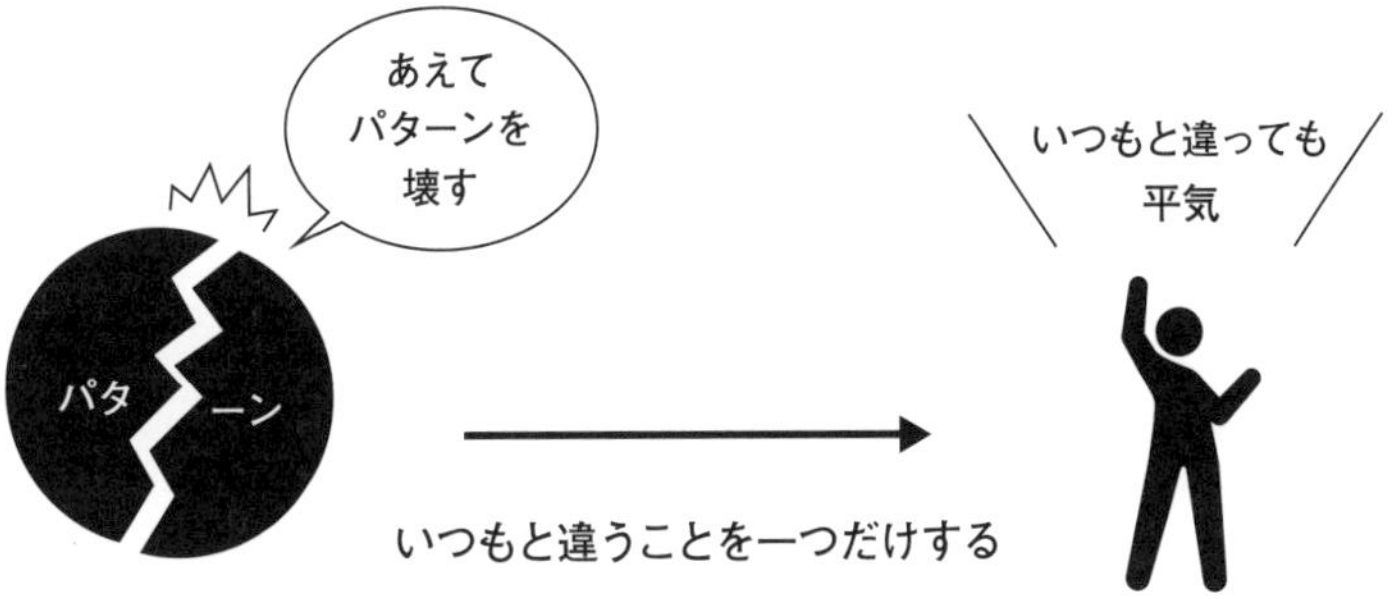

Do One Thing Different

こういったことを実践し、そのときの自分の気持ちの変化や周囲の反応などを確認しておくのです。

パターンをブレイクしたときに、気持ちが良いのか悪いのか。何かいいことが起こるのか起こらないのかなど、自分の気持ちの変化はあるのかないのかを知ることが重要です。

何もしなければ、自分の気持ちの中で何も起こりません。周囲の対応も何も変わることがないと思います。だから、ブレイクパターンを思い切ってやってみてください。

このように固定化された自分の行動を少し変えてみることが、自分の意識を変えるキッカケになることがあります。行動が変えられなくても、「いつもと違うことをしよう」と脳が思うだけで、慣習化された自分の行動を客観視できるようになる効果があります。

少しパターンを壊すことで、いつものパターンと違うことが起きても、ストレスを感じなくなっていくのです。

そうした意味で、ブレイクパターンは、普段から変化に強いメンタルをつくっていくための「体質改善策」で、「怒りにくい心」を育てていくテクニックでもあるのです。

これは、自分のことだけでなく、相手にも応用できます。

子どもが学校から帰ってきて、ランドセルをほっぽり出したまま宿題もやらないでゲームに熱中していると、つい、「もう何度言ったらわかるの！　早く宿題を片づけて、明日の準備をしなさい」と腹を立ててしまいがちです。

子どもも毎日のことなので、「わかったよ、やればいいんでしょ！」と半ばキレがちの口答えをするので、怒りはさらにエスカレート……。

こうした状況を、ブレイクパターンを使って、いつもと違う対応をとってみるのです。

たとえば、自分の部屋で宿題をやっていたなら、親がいるリビングでやらせてみる。ゲームを始める前に、二人でおやつを食べる時間をつくって、学校の様子を尋ねながらまずは宿題を片づける方向にさりげなく誘導してみる、などといった方法です。

それによって、子どももキレずに素直に宿題を片づけて、それからゲームなど自分の好きなことに熱中したとしても、あなたの怒りはかなり軽減されるでしょう。

□パターン化とゲン担ぎの違い

ただし、パターン化と、野球選手を含めアスリートがよく行なっている「ゲン担ぎ」とは意味合いが違いますので注意してください。

たとえば、プロ野球解説者の野村克也氏は監督時代、負けるまでパンツを替えませんでした。3連勝したら3日、4連勝したら4日も同じパンツを履き、負ければ替える、というゲンを担いでいました。しかも、色は「勝負の赤」でした。

また、元プロ野球選手でメジャーでも活躍した佐々木主浩《かづひろ》氏は、子どもの頃からグラウンドのラインは絶対に右足で跨ぎますし、横浜時代、自宅から横浜スタジアムへ高速を使って行き、その日の試合でセーブをあげたら、翌日、いくら混んでいても高速の同じ料金所を通ります。

そのほかにも、2月22日生まれの佐々木氏は、「2」に固執していて、背番号の22をはじめ、すべて「2」を好みました。自主トレも午前2時から始めたくらいでした。

アスリートの例ばかりになってしまいますが、毎日カレーを食べて試合に臨むと公言しているイチロー選手は、毎日食べていたカレーをやめるなど「ゲン担ぎ」を変えることもあります。しかし、どのチームへ移籍しても、ベンチで座る位置、グラブとバットを置く位置は変えません。

松井秀喜氏は、野球選手の〝正月〟にあたる開幕日の食事、巨人時代は赤飯と鯛でしたが、メジャーリーグへ行ってからは鯛がないので、代わりにタイ料理を食べていました。特にアスレチックス在籍時は、チームカラーを意識してグリーンカレーを食べていたほどです。

食べ物つながりでいえば、かつて巨人のエースだった江川卓氏は、開幕時に虎屋の羊羹（阪神）、名古屋のういろう（中日）、広島名物のカキフライ（広島）、鯨（大洋）、ヤクルト（ヤクルト）と相手5チームに関するものを平らげて、シーズンに臨んでいました。

このような「ゲン担ぎ」はアスリートだけでなく、私たちも何気なく行なっていることもあり、アンガーマネジメントでも否定しているわけではありません。

パターン化とは、**固執する必要もないものにこだわって、感情をいらつかせてしまうこと**をいいます。うまくいっている行動パターンをくり返すというゲン担ぎとは、意味合いがまったく正反対です。

負の感情を引き起こすパターン化は、できればそれを壊して別の意味づけができるに越したことはありません。不測の事態に対応する能力を強化することができるテクニックがブレイクパターンなのですから。

□ブレイクパターンの実践

パターン化された行動をブレイクするとは、たとえば次のようなことです。

あなたは毎朝、パン屋さんでお気に入りのパンを買っていたとします。

ところが、その日はたまたまそのお気に入りのパンが売り切れていました。

「何でないのよ！　このパンが大好きなのに。食べないと1日、気分が悪い！」

この怒りは、あなたにとって必要な怒りではありませんよね。


そこで、ブレイクパターン・テクニックを使ってみましょう。

実際には、その隣にある違う種類のパンを手にとるのです。

いつもは手にとらないパンが意外においしくて、新たなお気に入りのパンになるかもしれません。

自分の行動を自分で縛らずに、毎朝違うパンを選んでみるとか、曜日によって変えてみるとか、パターンの壊し方はたくさんあります。

また、あなたは毎朝、車で通勤していたとします。

いつもの道を運転していると、「工事中、迂回せよ」の看板がありました。

「おいおい、これじゃ会社に間に合わないじゃないか！」と、瞬間的に怒りが立ち上ってしまうことがあるでしょう。出社時間ギリギリなら特にそうでしょう。

そんなときこそ、ブレイクパターン・テクニックを活用して、逆に迂回するのです。

いつも通っている道は勝手知ったる道でもあるので楽かもしれませんが、じつは迂回路のほうが時間的には早く着くことも考えられます。それにいつもと違う道を通ることで違った風景を目にでき、何か新しい発見があるかもしれません。翌日も工事中の可能性が高ければ、電車で通勤してみるのもいいかもしれません。それによって気持ちがリフレッシュされて、仕事へのやる気が増すなんてことにつながることもあるでしょう。

会社に出社しても、あなたは毎朝、上司から昨日の会議の発言内容、言い方、聞き方、営業成績などについて、嫌味のような注意を受けているとします。

「毎日毎日、うるさいなぁ。そんなことわかっているよ」と心でつぶやきながらも、気持ちはイライラしてしまいがちです。

このイライラを軽減させるときにも、ブレイクパターン・テクニックが有効です。

それはどんなものかといいますと、**「ありがとう」**と言葉にしてみることです。

上司に嫌味まがいの忠告を受けても、「いつもアドバイス、ありがとうございます!」と感謝の言葉を添えてみるのです。

感謝の言葉を口にされて、上司も長々と嫌味を言えなくなるかもしれません。

「そうか。俺の忠告をありがたく聞いてくれているんだな」と思えば、次回からはその嫌味も半減するかもしれません。「ありがとう」と言われてうれしくない人はいないからです。

PART 4

怒りを生かす人になる！

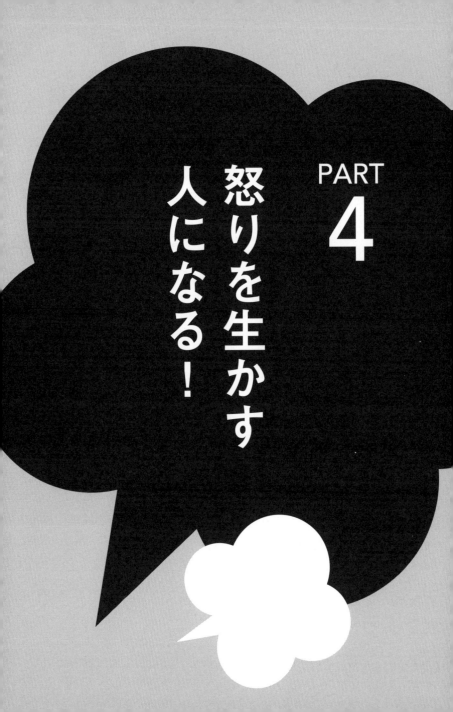

習慣
9

ソリューション・フォーカス・アプローチ

【解決志向】

習慣8のブレイクパターンでも述べましたが、世の中には自分でコントロールできるものとコントロールできないものがあります。コントロールできないものに時間をとられたり、感情的になったりしても、まったく何の得にもなりません。それだったら、コントロールできるものに集中したほうが、イライラも軽減され、物事も解決・成功に導けるでしょう。

松井秀喜選手に再登場してもらいましょう。

松井選手は、星稜高校からドラフト1位で巨人に入団したときの監督であった長嶋茂雄氏に、こう言われたそうです。

「いいか、松井。この東京ドームにお前のことを毎日のように応援しに来てくれるファンがいる。しかし、一生のうちで今日しか応援に来られないファンもいる。そういうファンのために、お前は毎日、試合に出なければならない」

その日から、松井選手にとって、プライオリティの一番目は、打率でも打点でも本塁打でもなく「毎日、試合に出ること」、つまり、連続試合出場になりました。

その思いをフリーエージェントで入団したヤンキースのジョー・トーリ監督（当時）に伝えたところ、了解してもらい、メジャーリーガーになっても試合に出続けていました。

ところが、2006年5月11日のレッドソックス戦（ヤンキー・スタジアム）、一回、浅いレフトフライを捕球した際に、グラブが芝生に引っかかり、左手首を骨折。治療のため選手登録を抹消され、巨人時代の1993年8月22日から続けていた日米通算連続試合出場記録は、1768（日本1250、アメリカ518）で途切れてしまいました。

私は負傷の瞬間、球場の記者席で思わず「やってしまった！」と叫びました。

事故の二日後に、私はたまたま松井選手と二人きりになれたので、彼にこう言いました。

「なぜあそこで突っ込んだの？　無理に突っ込まなければ骨折もしなかっただろうし、連続試合出場も止まらずに済んだかもしれないのに」

これに対して松井選手はこう返しました。

「瀬戸口さん、そうじゃないですよ。僕は、**このケガを早く治して試合に復帰する、それしか考えていません**」

アンガーマネジメントにおいて、**「コントロールできること（もの）」と「コントロールできないこと（もの）」の仕分け**は、何よりも大事なことの一つです。

松井選手は、ケガをしてしまった状況をあとから振り返っても取り戻すことはできないことをよく知っていたのです。だから、コントロールできないものに煩わされてイライラするより、早くケガを治して試合に復帰するという「コントロールできること（もの）」に集中することに気持ちをシフトさせていたのです。

これが**「ソリューション・フォーカス・アプローチ」（解決志向）**です。

世の中の大半は、コントロールできること（もの）とコントロールできないこと（もの）に分けられます。コントロールできないことの最たるものは、過去と未来です。タイムマシンでもない限り、過去や未来のある時期に行って何かをコントロールすることなどできません。つまり、**過去でいうと後悔、未来でいうと不安や心配はコントロールできない**わけですから、それらについてあれこれ悩むのは、ある意味時間のムダということになります。

では、コントロールできることは何か。過去、未来と対比する形でいうと、「現在、今」しかありません。目の前のことに集中して、ベストを尽くす、一所懸命、真面目に取り組むことは、コントロールできるはずです。

「なぜあそこで突っ込んだの？（過去）」ではなく、「このケガを早く治して試合に復帰する、それしか考えていません（現在）」――この違いがじつは大きな違いなのです。

解決志向は、とにかく目の前の自分ができるものだけにフォーカスして、それを100％の力でやり遂げることです。

今や日本を代表するテニスプレーヤーに成長した錦織圭選手には、苦い思い出があります。

2011年、スイスのバーゼルでの大会における決勝戦で、錦織圭選手は憧れのロジャー・フェデラー選手に完敗しました。その敗因を、アンガーマネジメントを学んでいたコーチのマイケル・チャンは端的に指摘しています。

「フェデラー戦で、錦織は大きなミスをした。それは準決勝のあとに〝憧れのフェデラー選手と決勝であたるなんてワクワクします〟と言ったことだ。コート外で選手を尊敬するのはいい。けれども、戦う前から満足してしまってはいけない。コートに入ったら〝お前は邪魔な存在なんだ〟と思わなければいけない。〝優勝するのはお前じゃない、オレだ！〟、〝過去の実績なんて試合には関係ない〟という強い気持ちが必要なんだ。君は相手が誰であろうと勝つことだけを考えるべきだ」

チャンが言いたかったことは、「過去は変えられないのだから、過去にこだわらない（フェデラー選手の過去の実績なんか関係ない）。それよりも、今できることに集中し、最善の結果を目指そう（お前も決勝まで進んだ選手なんだ、自信をもって戦え）」ということです。まさに解決志向の手法です。

私たちが暮らす日常にも、コントロールできないもの（こと）はたくさんあります。たとえば、「自然（天気）」です。

雨が降ったら濡れるしかありません。台風が来たら通り過ぎるのを待つしかないのです。ところが、人間とは勝手なもので、大事なイベントが雨で中止になると、「何で雨が降ったんだ！」と怒ります。この怒りやムカつきなどは制御不能のものなので、それだったら雨が降った場合の代替案を準備するなど、コントロールできることに集中すべきです。

また、「これだけやさしくしているのに、どうしてやさしくしてくれないの」「これだけ愛しているのに、なぜ愛してくれないの」と言いがち・思いがちですが、「人の心」はコントロールできない最たるものです。こうした思い込みが激しくエスカレートしてしまうと、「ストーカー」を生む元になります。

高速道路の「渋滞」も、当然コントロールすることができません。帰省ラッシュで30キロ渋滞に遭遇したら、「先頭の車は何をやっているんだ」などと言いたくなりますが、どうすることもできません。

カーナビのおかげで今や渋滞もある程度事前に予想できるわけですから、早めに家を出る、逆に時間をずらして遅く出る、違うルートを選択するなど、解決志向的に考えればできることはたくさんあるはずです。渋滞になることを知っていて、巻き込まれてイライラしたあげく、事故を起こしたりしたら元も子もありません。それだったら、別の解決策を用意して、ムダなイライラは避けるのが得策です。

パナソニック（松下電器）の創業者である松下幸之助氏が船を下りて波止場を歩い

ていたとき、いきなり大男がぶつかってきて、海に落ちてしまったことがありました。一緒にいた秘書が、「社長、大丈夫ですか。私が文句を言ってきます！」と息巻いたのに対し、松下氏はこう言いました。

「馬鹿者！　今から文句を言ったからといって、私は海に落ちないで済んだのか。海に落ちないで済むのなら、いくらでも文句を言いに行く。だが、そんなことはあり得ない。いまさら文句を言ったところで私が海に落ちたという事実は何も変わらないじゃないか。先を急ぐぞ」

そう言うと、濡れたスーツのまま、松下幸之助氏はさっさと歩き出したそうです。今や変えられないものにいちいち怒ってもムダだから、事実を粛々と受け入れて、今やれること、できることに集中する。松下氏が解決志向の持ち主であったことを表すエピソードです。

さて、あなたはある問題に直面したときに、次のどちらを考えることが多いでしょうか。

なぜ、こんな問題が起きたんだろう？どうしたら解決できるんだろう？

この二つは似ているようで、じつは**真逆の考え方**です。

「なぜ？」というのは、問題の原因を考えようとするときに使う言葉です。逆に「どうしたら？」というのは、問題の原因よりも、解決策を考えようとする考え方です。

前者が過去を中心に考えるのに対して、後者は未来を考えます。いわば、「問題志向」と「解決志向」の考え方の違いになります。

前者は悪かったことを良くしようとしたり、できなかったことをできるようにしたりするにはどうしたらよいかを中心に考えています。後者は悪かったこと、できなかったことを問題の中心とは考えず、これから何をすればよいかを中心に考えています。

二つの特徴を次ページにまとめておきます。

問題を解決する方法はどちらの考え方にもあります。どちらが正解ということでは

「問題志向」と「解決志向」

問題志向

- 何が悪いのか、問題点は？
- どう改善するか
- 何が悪いのか問題を列挙
- 過去志向
- 後ろ向き

解決志向

- どうすればうまくいくか
- どうなりたいか
- 理想になるための行動を列挙
- 未来志向
- 前向き

なく、状況や場合によって使い分けるのがいいでしょう。

たとえば、医療現場や技術職においては問題（原因）志向で考えることが大前提となります。なぜなら、同じミスをくり返すことができないので、問題点を徹底して洗い出さなければいけないからです。医療現場であれば、問題が起きた原因がわかっていないと、同じ医療ミスを犯してしまいます。

しかし、怒りの感情をコントロールするという点においては、解決志向で考えたほうがイライラしなくなります。なぜならば、問題志向で考えると、どうしても悪かったことや問題点に目がいき、それがイライラの感情につながってしまうからです。


たとえば、いつもイライラしている上司がいたとして、その上司がなぜイライラするのかを考えます。原因を突き止めた結果、それが家庭環境にあるということがわかったとして、何かの参考になるかもしれませんが、その原因自体を変えることは第三者ではできません。

むしろ大切になるのは、どのようにすればイライラする上司と上手につき合えるようになるかということです。

感情の問題は原因を追及するとこじれます。お互いに何が悪いかを追及し合うことは、お互いに**後ろ向きに会話**をしているようなものです。後ろ向きな話し合いからは建設的なアイデアは出にくいものです。また、後ろ向きに話すことでイライラしやすくなります。


もちろん、「解決志向」は万能薬ではありません。

人間はイライラの元凶ともいえる「他人を変えたい」とすぐに思いがちですが、「自分を変える」ことしかできないことを実感しなければなりません。

これは解決志向を使っても同じです。

その「自分を変える」ための最適なテクニックを一つ紹介しましょう。

□ 24時間アクトカーム（魔法の1日）

忙しくてカリカリしている人と、いつも笑みを絶やさずニコニコしている人を見たら、どちらのほうが印象がいいですか？

もちろん、後者ですよね。

もし、自分が怒りっぽいと自認しているとしたら、試してほしいのが、**「24時間アクトカーム」**、別名**「魔法の1日」**というテクニックです。

アクトは「行動」、カームは「穏やか」という意味で、文字どおり怒りっぽい人が、

怒りっぽくない人として丸1日演じて、生活してみる

のがアクトカームです。人はイライラすることがあると、すぐに他人を変えようと躍起になりますが、まずは自分を変えてみましょうというのが、このテクニックの目的です。

1日続けるのが難しい、苦痛だというのであれば、会社で仕事をしている時間だけ、夜帰宅してから寝るまでなど、最初は時間を区切ってハードルを低くしてもよいかもしれません。

とにかく、24時間、徹底して穏やかに振る舞うことで、「周りの人がどう変化するか」を体験し、「怒らない自分」のメリットを実感するのです。

脳の司令塔的役割を担う前頭前野には、笑っているうちに何だか本当に楽しくなったり、嘘泣きしていたのに本当に悲しくなってきたりするように、自分の行動を言葉

で説明して物語をつくり、一貫した自分を保つ働きがありますが、アクトカームはその働きを利用するのです。

やり方は、**「何があっても今日1日は怒らない」**と決め、どんなに腹立たしいことがあっても、言葉遣い、表情、仕草などを細部まで穏やかに保つのです。

このようにして、1日限定、24時間だけは、穏やかな人になりきってみるのです。アクトカームは、特に**忙しい日であればあるほど効果的**と言われています。休日より週日、仕事に余裕がある日より締め切りが控えて忙しいぴりぴりした状態の日がより有用ということです。

そんな日を穏やかに過ごせる自分でいられたら、今までとは違った感情や気持ち、気づきが得られるかもしれません。

おわりに

離職率の高さで悩む企業、人間関係があまりうまくいっていない職場、お客からのクレーム対応に追われている現場、生徒たちが言うことを聞いてくれないと嘆く先生たちの多い学校など、アンガーマネジメントの講演、研修、セミナーをいろいろな場所でやらせてもらっています。

どの会場に行っても、アンガーマネジメントに興味をもっていただき、少しでも怒りをコントロールしたい、という熱意が伝わってきます。

その中でも最近、特に印象に残った講演がありました。それはある小学校に出向いたときのことです。

5年生50人とその保護者50人の計100人に、アンガーマネジメントについて1時間ほど話をしました。その後、生徒たちには退出してもらって、保護者だけを対象に、「間違った叱り方、正しい叱り方」について、さらに1時間お話ししました。

話し終えて、「何か質問はありますか？」と声をかけましたが、誰も手があがりませんでした。「みなさんにわかっていただけたみたいだ」と帰り支度を始めていると、いつの間にか私の前には保護者の方ほぼ全員が並んでいたのです。

「アンガー」（怒り）はとてもデリケートな問題です。デリケートだからこそ、できれば他人の前で〝開示〟したくないという方がほとんどです。そのため、ほかの保護者がいる前では挙手をしてまで尋ねることはできないが、個別な質問をしたいと思っている人ばかりだったのです。これには正直驚きました。

私への質問は、「どう叱っていいかわからない」「どう褒めていいかわからない」「思春期で悩んでいる」「反抗期で悩んでいる」といったものがほとんどで、保護者の方が深刻に悩んでいることがよくわかりました。こうした保護者の方の真剣なまなざしを見ると、こちらも当然ながら誠心誠意、対応せざるを得ませんでした。

この小学校の例だけでなくどこに伺ってもわかることは、「悩み」のない家庭・職場はないということです。「悩み」の大小に限らず、家庭・職場での「悩み」の存在を消去していくことが、私が講演などを引き受けるモチベーションになっています。

あなたの家族、たとえば、子どもが「死にたい、生きていても仕方がない」と落ち込んでいたら、あなたは、家族は幸せになれますか？

いくら仕事がうまくいっても、いくらお金を稼いでも、本当にうれしい気持ちにはなれないはずです。あなたの幸せは、あなたの家族の幸せが土台になっているといっても過言ではないからです。

まず、家族のために、家族の幸せのために、アンガーマネジメントのテクニックや考え方を使ってみてはいかがでしょうか。それから少しずつ所属している会社や組織にアンガーマネジメントの〝輪〟を広げていってみてください。人間の心は全体性があり、つながっているという考え方が正しければ、怒りやイライラが軽減されるのは間違いないでしょう。

アンガーマネジメントは、何度もいうように怒りを否定しているわけではありません。しかしながら、イライラはイライラを生むだけで、いいことは一つもないのも事実です。

本書を読んでいただき、イライラが少しでも軽減され、少しでもポジティブな気持ちになってもらえれば、こんなにうれしいことはありません。

２０１６年11月

瀬戸口　仁

瀬戸口仁（せとぐち　ひとし）
1960年東京生まれ。青山学院大学卒業後、サンケイスポーツ新聞社入社。11年間、プロ野球を担当した後、1993年に渡米。ニューヨークを拠点にメジャーリーグ、特に日本人メジャーリーガーを中心に取材。日本へ向けて、彼らの“ナマ”をレポートした。
その後、帰国し、執筆活動のほか、大学や専門学校で講師を務め、現在はアンガーマネジメントのファシリテーターとして全国で講演、研修、セミナーを行なっている。
著書に『メジャーリーグおもしろ舞台裏』（ソニーマガジンズ）、電子書籍に『最強の日本人のつくり方』、宣言力シリーズ『サッカー選手の宣言力』『オリンピック選手の宣言力』（以上、あの出版）などがある。

人生《じんせい》が変《か》わるアンガーマネジメント入門《にゅうもん》
怒《いか》りを味方《みかた》につける9つの習慣《しゅうかん》

2016年11月20日　初版発行

著　者　瀬戸口　仁
発行者　吉田啓二

発行所　株式会社日本実業出版社　東京都新宿区市谷本村町3-29 〒162-0845
大阪市北区西天満６－８－１ 〒530-0047
編集部 ☎03-3268-5651
営業部 ☎03-3268-5161　振　替　00170-1-25349
http://www.njg.co.jp/

印刷／壮光舎　製本／若林製本

この本の内容についてのお問合せは、書面かFAX（03-3268-0832）にてお願い致します。
落丁・乱丁本は、送料小社負担にて、お取り替え致します。

ISBN 978-4-534-05447-0 Printed in JAPAN

日本実業出版社の本

対人関係療法のプロが教える

誰と会っても疲れない「気づかい」のコツ

水島広子
定価本体1300円(税別)

気づかいは疲れるもの、というのは大間違い。本書では、精神科医の視点から、よくあるシーンごとに気づかいの悩みと相手も自分も心地よくなる「本当の気づかい」をやさしく解説します。

人間関係がスーッとラクになる

心の地雷を踏まないコツ・踏んだときのコツ

根本裕幸
定価本体1300円(税別)

心の地雷を見つける方法や気にさわることを言ってしまったときの対処法、自分が踏みやすい地雷のパターンなどを事例をもとに心理学の視点から解説。人づき合いの悩みがなくなります!

心を強く、やわらかくする「マインドフルネス」入門

「今、ここ」に意識を集中する練習

ジャン・チョーズン・ベイズ 著
高橋由紀子 訳
定価本体1600円(税別)

グーグルをはじめ先端企業で取り入れられている「マインドフルネス」が53の練習で手軽に実践できる。「今、ここ」に意識を集中すると、仕事と人生のパフォーマンスが劇的に変わる!

定価変更の場合はご了承ください。